camino.

gemeinsam auf dem Weg

Nora Steen

Das Wort zum Alltag

Meine Woche mit Gott

camino.

Ein CAMINO-Buch aus der
© Verlag Katholisches Bibelwerk GmbH, Stuttgart 2015
Alle Rechte vorbehalten
Designschutz beantragt

Redaktion: BirnsteinsBüro

Gesamtgestaltung: wunderlichundweigand
Umschlagmotiv: Fotografie Nora Steen © KW/BirnsteinsBüro
Herstellung: Finidr s.r.o., Český Těšín
Printed in the Czech Republic

ISBN 978-3-460-50005-1

Inhalt

Einladung

Seit einigen Jahren spreche ich das „Wort zum Sonntag". Immer wieder steht seitdem für mich die Frage an: Welches Thema ist gerade relevant beziehungsweise relevant genug, um darüber am Samstagabend nach den „Tagesthemen" und vor dem Nachtprogramm zu sprechen? Ich habe im „Wort zum Sonntag" schon über vieles sprechen dürfen, was mir wirklich unter den Nägeln brennt: Wie steht es um die Einhaltung der Menschenrechte in Aserbaidschan, wo 2013 der „Eurovision Song Contest" ausgetragen wurde? Oder: Welche christliche Antwort kann es auf die Frage geben: Waffenlieferungen in den Irak – ja oder nein?

Viele andere Alltagsfragen passen allerdings nur selten in das „Wort zum Sonntag". Diese Fragen bestimmen aber zum Großteil mein Leben. Zum Beispiel, warum es so schwer sein kann, sich miteinander zu versöhnen, oder wieso Nächstenliebe so häufig an der Supermarktkasse aufhört. Von einigen dieser auf den ersten Blick banalen alltäglichen Begebenheiten möchte ich in diesem Buch erzählen. Manchmal habe ich die Namen von Personen und Orten geändert, um die Beteiligten zu schützen. Aber es bleibt mein erlebter Alltag. Ihn möchte ich genauer anschauen, eine Zeit lang in ihm verweilen und mich fragen, was Gott sich wohl bei allem gedacht haben mag. In den kleinen Bewegungen der Welt ist ein Abglanz des großen Ganzen enthalten, davon bin ich überzeugt. Dies ist deshalb ein Buch für alle Tage, von Sonntag bis Samstagabend.

Was ich am Alltag mag

Ich bin eine bekennende Alltagsliebhaberin. Ich mag das ganz normale Leben mit meinem Mann und unseren zwei kleinen Töchtern, auch wenn ich immer noch mit den täglich anfallenden Wäschebergen hadere. Ich liebe U-Bahnen, Menschengewühl, manchmal auch Massen-einsamkeit, große Städte, wildgrüne Inseln und die kleinen Alltagsmomente, in denen ich spüren kann: Gott ist da. Nicht immer offensichtlich und fast nie so, wie ich es vorher vermutet hätte. Aber er ist da. Daraus lebe ich und deshalb liebe ich. Gott ist mein Lebenselixier, auch wenn ich mich nicht jeden Tag zu einer festen Zeit hinsetze und zu ihm bete.

Einige Zeit habe ich in einem evangelischen Kloster gearbeitet. Mich hat es fasziniert, wie sehr sich viele Menschen danach sehnen, für einige Zeit ins Kloster zu gehen. Für immer leben allerdings wollen die wenigsten in einer Welt, die aus einer klaren Struktur besteht und in der vieles, was uns als unverzichtbar gilt, nicht vorkommt. Ich selbst zähle mich auch dazu. Ich liebe meine Familie, meinen Job und: meine Freiheit! Trotzdem bewegt es mich, dass viele Menschen in Klöstern etwas finden, was sie in ihrem Alltag entweder komplett verloren oder nie haben entdecken können: Zeit für sich selbst, für Gott, für Gebet, für Stille. Raum für das, was neu wachsen will. Ein Nährboden für Neues. Tankstellen für die Seelen sind viele Klöster, und es ist gut, dass es sie gibt!

Wohin aber mit dieser Sehnsucht mitten im Alltag?

Für manche ist ein Klosteraufenthalt nicht möglich, weil sie wie ich kleine Kinder zu Hause haben, gesundheitlich eingeschränkt oder beruflich zu eingebunden sind. Viele sehnen sich trotzdem danach, dass etwas anders wird. Sie wollen froher arbeiten, ehrlicher fühlen, sinnvoller leben. Sie suchen nach etwas, das größer ist als ihr eigenes, privates Glück.

Ich bin überzeugt davon, dass wir all das auch mitten in unserem ganz normalen Leben finden können. Unser Alltag ist für mich gewissermaßen der Lackmustest für unsere Gottesbeziehung. Denn auch nach einer Woche oder ein paar Monaten im Kloster ist die entscheidende Frage: Wie kann ich etwas von dieser Zeit mit in mein ganz normales Leben nehmen? Wie kann ich Gott auch dann nah sein, wenn ich mich nicht extra in eine Kirche oder hinter Klostermauern zurückziehe? Manche haben sogar Angst, nach Hause zurückzukehren, weil für sie diese beiden Welten bislang nicht miteinander vereinbar sind: Sonntag und Alltag.

Für mich ist es deshalb wichtig, die Suche nach Gott nicht nur auf bestimmte Zeiten – zum Beispiel den Sonntag oder den Urlaub – zu verlegen und nicht nur an bestimmte Orte auszulagern – wie Klöster, eine schöne Landschaft, Kirchen –, sondern ihm mitten im echten Leben einen Raum zu geben. Den Glauben alltagstauglich machen, das war schon das Ansinnen Martin Luthers. Indem er die Bibel ins Deutsche übersetzte, ermöglichte er es auch ganz normalen Leuten, in ihr zu lesen. Und es gab vielen den Ansporn, überhaupt erst einmal lesen zu lernen! Die Bibel sollte ein Gebrauchsbuch sein, ein Buch, mit dem man lebt und das nicht ungenutzt im Regal sein Dasein fristet.

Gott mitten im Alltag entdecken: Das ist meine große Leidenschaft. Davon handelt dieses Buch. Den unaufgeregten, teilweise auch verborgenen Seiten Gottes möchte ich nachspüren, in einer ganz normalen Woche: Während der Zeit mit meinen beiden zwei und vier Jahre alten Töchtern, auf einer Bahnfahrt, beim Mittagessen, zwischen zwei Terminen. Sieben Tage lang möchte ich dieses Experiment wagen und immer wieder zwischendurch die Stopptaste drücken. Genauer hinschauen. Hinfühlen. Fragen. Hinterfragen. Ich lade Sie ein, mit mir auf diese Spurensuche zu gehen. Vor allem aber möchte ich Ihnen Mut machen, das auch einmal zu probieren: Laden Sie Gott ein. In Ihr Leben, in Ihren Alltag. Das ist gar nicht so schwer und kann ziemlich guttun!

Wo immer wir uns aufhalten mögen, Gott ist dort.
Der nötige Raum, um ihn zu finden, ist der unserer Liebe,
die von Gott nicht getrennt ist, die ihm begegnen will.
Madeleine Delbrêl

Sonntag

9.50 Uhr

Glockenläuten

Meine Woche beginnt nicht am Montag; sie beginnt am Sonntag. An ihm feiern wir etwas von dem biblischen Sabbat. Dem Tag, an dem Gott von seiner Arbeit ausruhte und sich alles genussvoll ansah, was er die Tage vorher geschaffen hatte.

Für mich ist der Sonntag ein sehr besonderer Tag. Er ist herausgehoben aus allen anderen Tagen. Er unterliegt einer anderen Zeittaktung. Ich finde, es tut unserem Leben gut, dass wir in Deutschland noch darauf achten, dass am Sonntag die Uhren gefühlt anders ticken. Die Straßen sind leerer, die Geschäfte (meist) geschlossen. Auch die, die sonntags arbeiten müssen, erzählen mir, dass sonntags die Stimmung häufig eine andere ist als an Wochentagen. Ob im Krankenhaus, im öffentlichen Nahverkehr oder an der Tankstelle. Besonders mag ich das Läuten der Kirchenglocken morgens. Ich mag auch Sonntagmorgengottesdienste. Allerdings hat sich für mich einiges geändert, seit ich mit zwei Kindern lebe, die spätestens nach einer halben Stunde auf einer Kirchenbank und abgefüllt mit Gummibärchen, Banane und Nuckelflaschen endlich erkunden wollen, was sich hinter dem Altar und auf der Kanzel befindet. Also läuft es bei uns wie bei vielen Familien: Wenn ich selbst nicht den Gottesdienst leite, hetzen wir uns nicht mit dem Aufstehen und Frühstücken, so dass wir erst gegen 11 Uhr wirklich einsatzbereit sind.

Statt dem Gottesdienst in der Kirche hat sich bei uns zu Hause eine ganz eigene Art eines „Gottesdienstes" entwickelt. Wenn kurz vor 10 Uhr die Glocken anfangen zu läuten, öffne ich die Fenster und setze mich mit den Kindern still auf den Fußboden. Wir lauschen den Kirchenglocken und reden darüber, wieso sie läuten und weshalb Leute jetzt zum Gottesdienst gehen. Für die Kinder ist klar: In der Kirche geht es um Beten und um Singen. Also singen und beten wir. Wir singen laut und falsch, aber aus vollem Herzen, setzen uns dann an den Frühstückstisch und sprechen unser Tischgebet (dazu werden die Handflächen im Takt auf die Tischplatte geknallt). Dann gibt es Nutella-Brötchen. Weil Sonntag ist und nicht Alltag.

Das Glockengeläut, das sich sonntagmorgens über unsere Stadt legt, ist mir seitdem noch mehr ans Herz gewachsen. Einmal habe ich mit jungen Kulturwissenschaftlerinnen darüber diskutiert, ob wir die Glocken in unseren Städten und Dörfern noch brauchen, ob sie nicht Andersgläubige zu sehr einengen. Mich haben ihre Antworten überrascht: Obwohl die meisten von ihnen zu keiner Kirche gehören, möchten sie auf das Glockenläuten auf keinen Fall verzichten. Es sei so ein gutes Intermezzo mitten am Tag.

Wo zwei oder drei in meinem Namen versammelt sind,
da bin ich mitten unter ihnen.
Matthäusevangelium, Kap. 18 Vers 20

11.30 Uhr

Regen

Heute ist so ein Nieselregensonntag, es regnet schon seit
heute Morgen, und der Himmel verspricht mit seinem
Grau in Grau keine Besserung. Also: Gummistiefel und
Regenjacke anziehen. Die tiefsten Pfützen suchen und
mit Karacho reinspringen. Ich habe erst durch die Kinder
wieder entdeckt, wie viel Spaß das macht. Ich stehe in
der Pfütze, halte mein Gesicht in den Regen und spüre,
wie die Tropfen unter meinen Schal fließen. Dass über
dem Wolkenbett strahlender Sonnenschein ist, ist kaum
vorstellbar hier unten. Allein es zu wissen, hilft mir. Es
gibt nicht nur die Wirklichkeit, die vor Augen ist. Das ist
für mich die Hoffnungskraft der Menschen, die glauben,
dass es Gott wirklich gibt: Auch an Regentagen von dem
zehren, was unseren Blicken entzogen ist. Ich träume
mich durch die Wolkendecke und spüre die Sonnenstrah-
len auf meinem Gesicht. Sie zaubern einen Regenbogen
an den Himmel.

11.50 Uhr

Bauch- und andere Mütter

„Bewundernswert, dass ihr euch das traut!" Der Satz geht mir nach. Gestern Abend auf einem Fest, einige Gäste kannte ich noch nicht, hatte ich ihn wieder gehört. Eigentlich ja ein freundlicher Satz. Aber mit der Zeit bin ich empfindlich geworden. Denn oft sagt mir mein Gefühl: Wer so spricht, bewundert mich und meinen Mann nicht wirklich, sondern bemitleidet uns. Weil unsere beiden Töchter nicht unsere leiblichen Kinder sind. Die eine ist adoptiert, die andere ein Pflegekind.

Es hat eine Zeit lang gedauert, bis ich angemessen auf solche Vorurteile reagieren konnte. Inzwischen sage ich oft: „Unsere beiden Kinder sind gut dran: Sie haben zwei Mütter! Sie haben ihre Bauchmamas, die sie geboren haben, und sie haben mich, ihre Mama, mit der sie von klein auf leben."

So kommen die ins Nachdenken, die meinen, wegen ihrer Herkunft hätten unsere Kinder schlechte Startbedingungen für ihr Leben. Und auch die, die uns Eltern für bedauernswert halten, weil wir uns mit unseren Kindern unabsehbare Probleme eingehandelt hätten. Eine „Blackbox" seien solche Kinder, so hieß es vor einiger Zeit in einem Zeitungsartikel. Unkalkulierbares Risiko. Momentan seien sie ja vielleicht noch süß, aber wehe, sie kommen in die Pubertät, da habe man jetzt schon Mitleid mit uns, man wisse ja, wie das meist ausgehe. Manche trauen sich das nur leise zu sagen: Wir seien zu optimistisch, vielleicht auch zu blauäugig: Gleich zwei Kinder, die eine „Blackbox" sind!

Die Bauchmamas beider Mädchen schätze ich sehr. Sie haben ein hartes Leben und sie sind klug. Sie lieben die Kinder, denen sie das Leben geschenkt und die sie nicht abgetrieben haben, was ja für viele in vergleichbarer Situation der einfachere Weg zu sein scheint. Klar gibt es triftige Gründe dafür, weshalb die Mädchen bei uns auf- wachsen und nicht bei ihnen. Trotzdem treffen wir uns regelmäßig. Diese Treffen sind nicht immer entspannt, das Thema ist ja auch wirklich nicht einfach. Aber wir achten uns. Wir lieben ja schließlich das gleiche Kind. Zwei Mütter, die alles geben würden, damit es dem Kind gut geht. Man könnte auch sagen: Ein Geschenk!

Wir leben gut mit dieser Offenheit. Kinder sind ja sowieso niemals Eigentum ihrer Eltern. In unserem Fall ist das aber jederzeit und immer deutlich. Was aus den beiden wird? Das steht ja sowieso in Gottes Hand, auch wenn eine Frau ihr Kind selbst geboren hat. Und wenn der Erfolg eines Lebens davon abhängen sollte, wie „super" die Abschlüsse sind oder wie steil die Karriere ist, dann mache ich mir Sorgen um unsere Gesellschaft. Unsere Kinder sollen zu den Menschen werden, zu denen Gott sie geschaffen hat. Einmalig, unverwechselbar.

12.15 Uhr

Essen in Gemeinschaft

Ein Glas kippt um, ein Teller wird mit einer Handbewegung vom Tisch gefegt, aber dann kann es endlich losgehen. Wir beten: „Alle guten Gaben ...", fassen uns an den Händen, sagen: „Guten Appetit", und los geht's. Soweit es uns möglich ist, sitzen wir bei den Mahlzeiten gemeinsam am Tisch. Auch wenn es dabei oft drunter und drüber geht und es selten ruhig ist, sind diese Essenszeiten ein wichtiger Bestandteil unseres Familienlebens. Wir treffen uns, teilen unseren Durst und unseren Hunger. Das Tischgebet am Anfang ist ein Ritual, das uns guttut. Es erinnert uns daran, dass ein Mittagessen nicht selbstverständlich ist, und daran, dass es nicht selbstverständlich, ist gemeinsam essen zu dürfen.

Jesus erzählt die Geschichte von einem Mann, der zu einem Fest einlädt. Alle, die eingeladen haben, sagen aber ziemlich kurzfristig ab. Die Vorbereitungen scheinen umsonst gewesen zu sein. Er merkt, was ihm wichtig ist: Er möchte nicht allein essen! Da besinnt er sich und schaut nicht mehr auf seine kleine private Binnenwelt, sondern auf das, was um ihn herum ist. Er schaut aus dem Haus und sieht Menschen, die er vorher nie eingeladen hätte. Er springt über seinen eigenen Schatten. Er lädt sie ein. Und sie kommen. Vielleicht ruinieren sie mit ihren dreckigen Schuhen seinen Teppich. Vielleicht kennen sie sich mit Tischmanieren nicht aus. Aber sie bringen das Wichtigste mit: Hunger. Und sie essen. Essen verbindet. Mit anderen und mit dem, der uns geschaffen hat.

> *Die Armen, Blinden, Krüppel und Lahmen*
> *sollen kommen. Sie sollen meine Gäste sein.*
> *Lukasevangelium, Kap. 14 Verse 21–23*

13.30 Uhr

Musik

Meine Töchter singen aufs Schönste „Grün, grün, grün sind alle meine Kleider" und ich freue mich, dass sie trotz des Regenwetters draußen so gute Laune haben. Ein Leben ohne Musik kann ich mir nicht vorstellen. Bei uns zu Hause klingt ständig etwas: entweder Musik aus dem Radio oder jemand singt oder spielt selbst.

Der Hirtenjunge David lindert mit seinem Harfenspiel König Sauls Schmerzen, mehr noch: Seine Musik hat heilende Kräfte. Mirjam singt voller Überschwang ihr Befreiungslied, es ist laut und derb, die Paukenschläge tönen, und die anderen Frauen folgen ihr.

Musik: Wenn ich froh bin, kommt mir sofort ein Lied auf die Lippen. Bin ich verliebt, klopft mein Herz den Takt zur Melodie, die gepfiffen oder tirilierend meinen Mund verlässt. Wer singt und musiziert, lebt glücklicher. Singen befreit und macht die Seele weit!

Als ich 18 Jahre alt war, hätte ich beinahe der Musik mein Leben geschenkt. Heute bin ich froh, dass ich mich anders entschieden habe. Dennoch wäre ein Leben ohne Musik für mich eine triste Aneinanderreihung lebensnotwendiger Selbstverständlichkeiten.

Ich finde, wir singen entschieden zu wenig. Fröhliches Christentum sieht anders aus, als dass sich unsere Köpfe nach der fünften Strophe von „Lobe den Herren" tief im Gesangbuch versenken und erleichtert wieder auftauchen, wenn die Orgel endlich aufhört zu spielen.

Einmal durfte ich an einer Konferenz des Weltkirchenrates teilnehmen, einem Zusammenschluss der meisten protestantischen und orthodoxen Kirchen weltweit. Er tagte in Berlin, und Christinnen und Christen aus über 40 Nationen waren gekommen. An einem Abend zogen wir mit 500 Menschen durch das Brandenburger Tor. Es schneite, und es war für die meisten, die von der südlichen Erdhalbkugel gekommen waren, viel zu kalt, um ausgelassen fröhlich zu sein. Die Geistlichen hatten ihre Gewänder an, die bunt durch das Schneegestöber leuchteten. Unsere Kerzen waren durch den Wind schon lange ausgegangen. Aber wir haben gesungen! Den ganzen Weg. „We shall overcome", ein Lied aus der amerikanischen Bürgerrechtsbewegung. Wir sangen es immer wieder, und es war nicht nur ein Lied, es war eine Hoffnung, die sich Bahn brach. „Eines Tages werden wir es überwinden. Tief in meinem Herzen glaube ich daran. Wir werden Hand in Hand gehen. Wir werden Brüder und Schwestern sein ..." Das war das erste und bislang einzige Mal, dass ich laut singend durchs Brandenburger Tor gegangen bin. Es war befreiend und einfach wunderbar. Die Erkenntnis hat mich wie ein warmer Glücksschauer durchzogen: Wir Christinnen und Christen sind viele. Auch wenn das nach kitschiger Sozialromantik klingt: Wir können das Gesicht – und auch die Grundmelodien – dieser Welt verändern.

14.00 Uhr

Familie

Nächsten Monat steht ein Familientreffen an. Eben haben wir beim Mittagessen darüber diskutiert, ob wir es einrichten können, hinzufahren. Jaaa, rufen die Kinder. Familie ist toll, finden sie.

Familie ist ja so ein Freud-und-Leid-Ding. Hat man keine, lebt man notgedrungen (oder weil man es so entschieden hat) mit einer Lücke, die durch nichts anderes zu füllen ist. Hat man eine, ist das Thema eigentlich ständig auf der Agenda: Wer macht gerade was, wer mit wem und wer gegen wen, wo ist was passiert und müsste man nicht eigentlich ...

Mein Mann und ich sind mit dem Glück gesegnet, zwei anständig große Familien im Hintergrund und damit eigentlich immer Gesprächsstoff beim Abendessen zu haben! Familie ist ein Geschenk, auch wenn die Lösung des Problems, wo wer wann mit wem Weihnachten feiert, mit den Jahren immer aussichtsloser wird.

Je älter ich werde, desto mehr schätze ich das Gewebe einer Großfamilie, auch wenn ich nicht mit allen auf einmal in einem Haus leben wollte. Es treffen ja Personen unterschiedlichen Alters, unterschiedlicher Berufe aufeinander, die in zum Teil komplett verschiedenen Lebenswelten zu Hause sind. Verschieden und doch eins. Ein Wunder!

Familie kostet Zeit – und Nerven. Vielleicht hat Jesus deshalb diesen konsequenten Schnitt gemacht: „Wer ist meine Familie?", fragte er, als seine Mutter und seine Geschwister vor der Tür standen und ihn sehen wollten. Er hat sie nicht hereingelassen. Für familiäre Dramen hatte er keine Zeit und keine Kapazität. Dies ist einer der ganz wenigen Punkte, in denen ich Jesus widersprechen möchte. Wir können nicht so tun, als gäbe es da niemanden, der sich um uns sorgt! Jemand hat uns geboren, hat viele Jahre lang für uns gesorgt, unzählige Windeln gewechselt, Nächte durchwacht, Hausaufgaben kontrolliert, Schmerzen gelindert. Eine Familie zu haben ist ein Geschenk!

Natürlich, vielen wurden in Kindheit und Jugend auch Schmerzen zugefügt – ob körperlicher oder seelischer Natur. Auch die meisten Missbrauchsfälle geschehen in Familien und werden dort nicht selten kollektiv vertuscht, weil sich niemand traut, genau hinzusehen. Familie bedeutet deshalb für viele Menschen etwas Schlimmes, sie leiden ein Leben lang daran, nicht die heile Familie gehabt zu haben, von der sicherlich alle Kinder träumen.

Trotz dieser Schattenseiten dürfen die wertvollen Aspekte nicht unter den Tisch fallen: Verwandte verfolgen unseren Werdegang, leiden und freuen sich mit. Auch wenn man sich nicht immer viel Tiefgreifendes zu sagen hat, ist das für mich unendlich wertvoll: An Orte kommen zu können, an denen ich ein Stück zu Hause bin. Nicht weil ich Großartiges leiste, sondern einfach nur, weil ich ich bin.

15.00 Uhr

Langeweile

Sonntagnachmittage, an denen ich nichts zu tun habe, sind für mich Luxus. Solche Zeiten gibt es in meiner momentanen Lebensphase nicht oft. Aber jetzt! Mein Mann ist mit den Kindern im Schwimmbad, und die Wohnung ist wenigstens halbwegs aufgeräumt. Ich habe Lust zu nichts. Nichts tun tut mir gut. Mein Kopf denkt, was er will, und ich steuere meine Gedanken nicht. Für eine halbe Stunde ist dieser Zustand sehr angenehm. Wenn er Tage und Wochen andauerte, würde ich wahrscheinlich daran verzweifeln. Der Philosoph Blaise Pascal schrieb über die Langeweile: „Nichts ist so unerträglich für den Menschen, als sich in einer vollkommenen Ruhe zu befinden, ohne Leidenschaft, ohne Geschäfte, ohne Zerstreuung, ohne Beschäftigung. Er wird dann sein Nichts fühlen, seine Preisgegebenheit, seine Unzulänglichkeit, seine Abhängigkeit, seine Ohnmacht, seine Leere" *(Blaise Pascal, Pensées II, 131)*.

Auf den Minutenzeiger starren und 60 Sekunden als Unendlichkeit empfinden. In den Tag hineinträumen, ohne Ziel und Sinn. Auf dem Rasen liegen und den Wolken zuschauen. Solche Zeiten sind für mich Re-Kreation,

Erholung. Körper und Geist können neue Kraft schöpfen. Nicht immer können wir mit diesen „leeren" Zeiten
umgehen. Manchmal überschwemmen uns Gedanken,
Trauer oder Schmerz. Mit ihnen leben zu lernen und
sie nicht gleich wieder durch Aktionismus zu verdrängen führt für mich zu einem erwachsenen Umgang mit
Langeweile. Leere Zeiten ohne Termine, Verabredungen,
Verpflichtungen. Wir brauchen sie, und zugleich haben
wir Grund, sie zu fürchten. Gar nicht so einfach, zu einer
guten Balance zu finden.

Nach über zwei Stunden Nichtstun höre ich vertrautes
Kindergeschrei auf der Treppe. Der Schlüssel dreht sich
im Schloss.

17.30 Uhr

Ruhepol

Von klein auf hatte er einen Hang zum Übergewicht. Von
Fettleibigkeit zu sprechen wäre wahrscheinlich zu hart.
Aber er hat schöne Augen, perfekte Gesichtszüge. Vor allem ist er die Ruhe in Person! Stunden-, ja tagelang kann
er auf dem Treppenabsatz sitzen und die Menschen bei
uns im Haus beobachten. Manchen Auserwählten streicht
er sogar schnurrend um die Beine, unser Kater Emil. Er
sieht aus wie die echte Version von Garfield. Er kennt
alle, die bei uns ein- und ausgehen. Und alle kennen ihn.
Wenn er nicht im Treppenhaus sitzt, liegt er auf der Fens-

terbank eines ebenerdigen Zimmers und schaut auf die Straße. Viele sind davon begeistert. Das merkt man daran, dass es immer mal wieder an die Scheibe klopft und im selben Augenblick ein verschreckter Emil durchs Zimmer rennt.

Wir nennen ihn unsere „Ständige Pastorale Vertretung". Er hört zu, hat im Gegensatz zu uns immer Zeit und ist immer zu Hause. Nach draußen geht er nämlich nicht gern, das macht ihm Angst. Seine Qualitäten sind anderer Natur. Sein Fell ist weich, und es tut der Seele wohl, ihn für einen Moment zu streicheln.

Tiere sind gute Seelsorger. Hunde, Katzen, Kaninchen, Kanarienvögel – sie übernehmen für viele Menschen eine wichtige Funktion. Tiere spüren, wenn etwas nicht stimmt. Sie leiden mit ihrem Frauchen mit, sie freuen sich, wenn das Herrchen endlich den Schlüssel ins Schloss steckt und wieder da ist. Gott hat die Tiere nicht ohne Grund geschaffen. Sie helfen uns, einen achtsamen Blick für die Schöpfung zu haben, und sie streicheln – dann und wann – unsere Seele.

19.00 Uhr

Gute-Nacht-Geschichten

Vor dem Zubettgehen dürfen sich die Kinder eine Gute-Nacht-Geschichte aussuchen. Spannend, dass meine Ältere dabei meist auf die Kinderbuchklassiker zurückgreift!

Die „Hasenschule", „Max und Moritz" oder „Der Struwwelpeter" stehen gerade hoch im Kurs. Manche finden diese Bücher nicht mehr wirklich kindgerecht. Tatsächlich ist der Inhalt ziemlich grausam. Meine Töchter allerdings stört das nicht, im Gegenteil. Sie ahnen wahrscheinlich, dass die Welt nicht nur aus Gutmenschen besteht, und haben damit ja gar nicht so Unrecht. Solange sie danach fröhlich einschlafen, mache ich mir jedenfalls keine Sorgen um ihr Seelenheil.

20.15 Uhr

„Tatort" und wieso damit meine Woche beginnt

Was reizt Millionen andere und mich so am „Tatort"? Wieso ist es für manche Kult, für andere ein absolutes Muss und für den Rest vollkommen unverständlich, wie man den Sonntagabend mit Mord und Totschlag verbringen kann?

Sofern es einzurichten ist, gehört mein Abend Borowski, Steier, Lindholm, Thiel und Boerne. Schon der Vorspann ist eine Art Liturgie. Letztens soll es mal wieder eine Diskussion darüber gegeben haben, ob man den Vorspann nicht etwas moderner gestalten könnte. Es gab heftige Proteste, und ich kann mich da nur anschließen. Der Vorspann muss so sein, wie er ist und immer war. Das flackrige Bild und die Musik, die aus einer anderen

Zeit zu stammen scheinen. Interessant, dass es in Kirchen oft ähnliche Diskussionen gibt: Sollten wir nicht mal die Liturgie im Gottesdienst moderner gestalten? Sind die alten Melodien noch zeitgemäß? Oft genug, das muss ich zugeben, gehöre ich eher zu denen, die gern mal etwas Neues ausprobieren würden. Zugleich liebe ich die gregorianischen Choräle, Luthers Liedtexte und vieles mehr. Ich glaube, dass hier kein Entweder-Oder weiterbringt, sondern eine gediegene Mischung. Wie beim „Tatort". Traditionelle Rahmung, moderner Inhalt, der mal mehr oder mal weniger gefällt. So kann es gehen. Auch im Gottesdienst!

Jetzt aber zum Inhalt: Was macht einen „Tatort" zum „Tatort"? Natürlich sind nicht alle von gleicher Qualität. Manchmal habe ich auch schon enttäuscht zwischendrin ausgeschaltet. Meist aber bin ich bis zum Ende dabei. Ich mag die teilweise verschrobenen, skurrilen Persönlichkeiten der „Tatort"-Kommissarinnen und -Kommissare. Es sind Menschen mit Ecken und Kanten. Sie sind alle irgendwie besonders. Mit der Zeit hat man das Gefühl, sie zu kennen. Man lebt mit ihnen. Baut sich sein eigenes Bild. Und so seltsam sie manchmal auch sind, sie alle kämpfen mit ihren ganz eigenen Mitteln für das Gute. Sie leiden mit den Opfern, schlagen sich Nächte um die Ohren, setzen notfalls ihr Leben für Recht und Gerechtigkeit aufs Spiel. Religiös gesprochen sind sie Alltags-Heilige, die mit allen Mitteln versuchen, die Welt ein Stück besser zu machen.

Die Welt, in der wir leben, ist nicht heil, sondern im Gegenteil oft genug ziemlich kaputt. Im „Tatort" sehe ich dunkle Seiten, von denen ich manchmal gar keine Ahnung habe. Mitten im Dunklen dann diese Lichtgestalten. Aber sie kommen nicht als Helden daher, sondern als Menschen wie du und ich. Sie sind alleinerziehend, haben Ehekrisen, sind trockene (oder gerade nicht trockene) Alkoholiker, wohnen in der Pension oder in einer Dauer-WG auf Zeit. Das macht den „Tatort" für mich so attraktiv. Um die Welt zu retten, muss man kein Superheld sein. Das geht auch – und vor allem! – mit Menschen, die vom Leben gezeichnet sind.

21.15 Uhr

Mein Kampf mit den Wäscheberggen

Meist stapeln sich bei uns die Berge gewaschener Wäsche, bis auch wirklich kein Wäschekorb mehr frei ist. Erst dann raffe ich mich dazu auf, die Wäsche zu ordnen, zusammenzulegen und in die Schränke zu räumen. Gebügelt wird bei uns nur das Nötigste. Gebügelte Geschirrtücher oder Unterwäsche empfinde ich als einen schönen, aber gleichzeitig vollkommen entbehrenswerten Luxus. Manches gehört natürlich gebügelt. Aber wenn, dann am liebsten sonntagabends beim „Tatort".

Das Thema Wäsche führt bei mir öfter zu Missstimmung, als es notwendig wäre. Schließlich ist die Sach-

lage sehr schnell und einfach zu klären: 1. Der Mensch
braucht Kleidung. 2. Kleidung muss gewaschen und
wieder in gebrauchsfertigen Zustand versetzt werden,
will man nicht täglich über Berge zerknüddelter Wäsche
steigen.

Um Wäsche muss sich jeder kümmern. Wieso also
damit hadern? So ganz habe ich noch nicht erfasst, was
genau mich bei diesem Thema so nervt. Ich glaube, es
ist ein inneres Auflehnen gegen die letzten Reste eines
patriarchalen Familienbildes, das in mir mit dem Thema
Wäsche verknüpft ist. Dabei kann ich das nicht meinem
Mann anlasten, der wirklich alles tut, um mein Bedürfnis
nach Gleichberechtigung im Haushalt und bei der Kin-
dererziehung zu befriedigen. Eher ist es die sogenannte
„Umwelt", ein diffuses Gefühl dafür, dass es – zumindest
im kirchlichen Kontext – noch immer nicht wenige Menschen gibt, die es nicht gerade gutheißen, dass eine Frau
noch andere Interessen hat, als sich von früh bis spät nur
um Küche und Kinder zu kümmern. Wenn ich dann auch
noch meinen Mann mit einem ungebügelten Oberhemd
aus dem Haus schicke (dabei ist er natürlich selbst für
den Zustand seiner Hemden verantwortlich), bekommt
nicht er die schrägen Blicke ab, sondern ich. Wieder mal
ein Beweis dafür, dass sich die Zustände in den Haushalten arbeitender Frauen mitnichten zum Besseren gewan-
delt haben. Am letzten Sonntag war ich als Predigerin in
einer anderen Gemeinde zu Gast. Nach dem Gottesdienst
fragte mich ein älterer Herr: „Und was macht Ihr Mann so,
muss der für Sie Babysitter spielen?"

Wenn ich es also genau nehme, stehe ich nicht mit

Hemden, Hosen und einzelnen Socken auf Kriegsfuß, sondern mit den Erwartungen an eine „gute" Hausfrau und Mutter, die ich nicht erfüllen will und nicht erfüllen kann. Dass mich das trotzdem wurmt, ärgert mich selbst. Davon allerdings werden die Wäscheberge auch nicht kleiner.

Traum oder Wirklichkeit? Ich wünsche mir, dass ich irgendwann einmal vollkommen tiefenentspannt und mit mir im Reinen Wäschestück für Wäschestück zusammenlege, das Nötige mit Genuss bügele und das alles mit einer tiefen Liebe im Herzen. Ich hätte mich damit versöhnt, dass das Leben ist, wie es eben ist, weil Männern wie Frauen gleichermaßen die Verantwortung für Kinder und Küche zugesprochen wird. Ich würde mich nie mehr darüber ärgern, dass der erste Schluck des morgendlichen Kaffees eine Spur auf meiner am Abend vorher gebügelten Bluse hinterlässt. Ich würde über mich lächeln, sie ausziehen, in den Wäschekorb werfen und mir dabei denken: „So ist das Leben, Nora! Nimm es hin, wie es ist, zieh dir ein Sweatshirt an – gebügelte Blusen werden sowieso total überbewertet."

> *So sah ich denn, dass nichts Besseres ist,*
> *als dass ein Mensch fröhlich sei in seiner Arbeit;*
> *denn das ist sein Teil. Denn wer will ihn dahin bringen,*
> *dass er sehe, was nach ihm geschehen wird?*
> *Prediger Salomo (Kohelet) Kap. 3 Vers 22*

23.45 Uhr

Schlafen und Nicht Schlafen

Schlafen ist etwas Wunderbares. Ich liebe den Moment, abends müde ins Bett zu fallen und meinen Kopf auf das vertraute Kissen zu legen. Kaum ein anderer Ort duftet so sehr nach Zuhause wie das eigene Bett. Ich erinnere mich aber an Zeiten in meinem Leben, vor allem während des Studiums und schon in der Schule, in denen ich große Schwierigkeiten hatte einzuschlafen. Stundenlang lag ich wach, die Gedanken drehten sich im Kreis.

Nicht einschlafen zu können finde ich furchtbar, auch wenn es mir nur noch sehr selten passiert, seit ich kleine Kinder habe. Die Minuten und Stunden gehen dahin, die Zeit zerrinnt und zieht sich zugleich schier unendlich in die Länge. Aber der Morgen kommt trotzdem unaufhaltsam näher und mit ihm das, was mich belastet. Nicht schlafen können heißt ja so viel wie: nicht loslassen können. Ich kann mich nicht einfach dem Schlaf überlassen. Ich halte mich fest. Gedanken halten mich fest. Ängste fesseln mich ans Hier und Jetzt, aus dem es in diesen Nächten kein Entrinnen gibt.

Angst macht klein. Abhängig. Sie nimmt mir den Blick auf das große Ganze. Schäfchen zählen hilft bei mir auf jeden Fall nicht! Was wirklich geholfen hat, war ein ganz kurzes Gebet, das ich auch jetzt noch fast jeden Abend spreche, auch wenn ich schon halb im Schlaf versunken bin: „Gott, ich lege alles in deine Hände. Amen" Kürzer geht es kaum. Mehr kann ich aber auch gar nicht mehr denken, wenn ich wirklich müde bin. Und das Gebet reicht aus. Acht Worte, die für mich alles beinhalten, was wichtig ist, um ruhig und ohne Sorge vor dem Morgen alles loszulassen und mich vom Schlaf in andere Welten tragen zu lassen.

Eine Sechzehnjährige schrieb mir vor ein paar Wochen: „Manchmal, wenn ich nach dem Weinen so müde bin, stelle ich mir vor, dass mir Gott damit sagt: Es ist genug. Du musst schlafen. Ich bin bei dir, du musst keine Angst haben." Mich haben ihre Worte sehr berührt. Was muss auf der Seele dieses Mädchens lasten, dass sie diese Gedanken hat!

Mich Gott überlassen heißt für mich: mich selbst loslassen. Einschlafen können. Mein Körper und mein Geist können sich erholen und neue Kraft schöpfen.

Montag

6.35 Uhr

Über das Sorgen

Für mich ist der Montagmorgen anders als der Morgen anderer Tage. Die Woche liegt vor mir. Der Montagmorgen ist oft beladen mit einer Last, die ich noch nicht genau kenne. Und genau das führt bei mir häufig zu einem mulmigen Gefühl in der Magengegend.

Jeden Montagmorgen um 6.30 Uhr fährt das Müllauto unten vor unserem Haus entlang. Es piept schrill und laut, weil es nur rückwärts in die Sackgasse hineinfahren kann. Meist wache ich davon auf und bin froh, wenn die Kinder noch weiterschlafen. Das hohe Piepen bringt mich von jetzt auf gleich in den Montagmorgen-Modus, mein Herz pocht gleich schneller. Die Woche beginnt, und noch im Halbschlaf gehe ich in Gedanken die nächsten Tage durch. Ja, über vieles mache ich mir Sorgen, wie ich alles schaffe und ob ich alle Erwartungen erfüllen kann. Auch wenn sich im Nachhinein meist herausstellt, dass sich das ganze Sorgen und Nachdenken nicht gelohnt hat.

Heute Morgen sorge ich mich auch. Ich muss in dieser Woche ein paar Artikel fertigschreiben, die Kinderbetreuung ist noch nicht organisiert. Noch ein paar Minuten die Augen zumachen, aber da höre ich auch schon die Mädchen im Kinderzimmer rumoren. Sie begrüßen sich morgens immer mit einem Küsschen, die Ältere zieht der Kleineren den Schlafsack und die Windel aus, dann hört man sie barfuß über den Flur stapfen, bis sie im Türrahmen stehen. Und schon sind die Sorgen verflogen, das Piepsen des Müllautos wird von Kindergekreische übertönt – guten Morgen, schöne Welt!

Mach dir keine Sorgen um das, was morgen kommt.
Jesus, Matthäusevangelium Kap. 6 Vers 34

6.50 Uhr

Morgenglück

Ein ordentlicher Wasserdruck und ein guter Duschkopf! Die Nachtgedanken und die Traumwelten fortspülen. Bereit für Neues werden. Tropfnass aus der Dusche steigen, den Körper mit dem Handtuch wachrubbeln. Für mich ist jede morgendliche Dusche eine kleine, alltägliche Tauferinnerung. Alles abspülen, was mich von Gott trennt. Mein Gesicht in die Wasserstrahlen halten und spüren, dass ich am Leben bin. Jeder Tag ein neues Geschenk, exklusiv aus Gottes Hand. Der Kaffee ist schon durchgelaufen, und Milch ist auch noch im Kühlschrank. Morgenglück.

8.30 Uhr

Fremdes

Montagmorgens wird bei uns unten im Haus Türkisch, Arabisch oder Persisch gesprochen. Ein paar Mal die Woche finden dort Deutschkurse für Flüchtlinge statt. Der Raum steht während des Unterrichts immer offen. Die Lehrerin sagt, ihre Schüler sollten doch das Leben hier kennenlernen. Und das ginge nicht hinter verschlossenen Türen.

Seitdem ich das weiß, kann ich ganz entspannt mit meinen Kindern dort vorbeigehen. Ohne Angst, dass sie zu lustig sind oder ihre Nasen vor Neugier an der Glastür plattdrücken. Sie stören nicht. Im Gegenteil. Störung erwünscht!

Diese Deutschkurse bei uns unten im Haus tun mir gut. Sie weiten die Perspektive. Es geht in der Kirche um mehr als um Kaffeetrinken, Veranstaltungen-Organisieren oder Gottesdienste-Feiern, bei denen möglichst alles so ist wie immer und nichts Unvorhergesehenes passiert.

Eigentlich sollte es doch bei allem, was wir tun, vor allem um dieses Eine gehen: unsere Türen weit öffnen und ständig damit rechnen, dass jemand kommt, der unser gewohntes Einerlei komplett durcheinanderbringt. Nichts anderes ist damals in Bethlehem passiert. Wenn es nicht diesen einen Ort, diesen ärmlichen Viehstall gegeben hätte, dessen Türen aufstanden, damit der Gottessohn in ihm zur Welt kommen konnte, wäre alles anders verlaufen. Alles.

Wie geht das – Jesus die Türen öffnen? Jesus gibt uns eine klare Antwort, wie es sein sollte:

Ich bin hungrig gewesen und ihr habt mir zu essen gegeben.
Ich bin durstig gewesen und ihr habt mir zu trinken gegeben.
Ich bin ein Fremder gewesen und ihr habt mich aufgenommen.
Ich bin nackt gewesen und ihr habt mich gekleidet.
Ich bin krank gewesen und ihr habt mich besucht.
Ich bin im Gefängnis gewesen und ihr seid zu mir gekommen.
Matthäus-Evangelium Kap. 25 Verse 34–36

10.30 Uhr

Jesus nachfolgen?

Dritte Stunde, Religion in der 10. Klasse. „Haben Sie eigentlich Sehnsucht, Jesus nachzufolgen, Frau Steen?" Das fragte mich eben Noemi, eine sechzehnjährige Schülerin. Es war mitten im Unterricht, und ich war zugegebenermaßen etwas perplex. Habe ich Sehnsucht, Jesus nachzufolgen? Erst stockte ich ein wenig, sagte dann aber: „Ja, klar habe ich das." Ich schickte aber gleich die Einschränkung hinterher: „Ich würde es vielleicht anders ausdrücken."

Jetzt ist die Stunde vorbei, und ich denke noch darüber nach. Wieso habe ich nicht deutlich gesagt, wie es ist? „Ja, ich habe große Sehnsucht Jesus nachzufolgen. Er ist mein großes Vorbild im Glauben. Aber ziemlich oft scheitere ich daran, schaffe es nicht."

Was hinderte mich daran, das vor der Klasse zu sagen? Zu fromm? Zu „naiv"? Nein, es war anders. Ich hätte es zu vermessen gefunden, das so zu sagen. Irgendwie hatte ich das Gefühl, mit so einer Antwort eine Grenze zu über-

schreiten. Religionsunterricht ist eben keine Missionsver-
anstaltung, und mir läge es fern, so aufzutreten, als würde
ich die Jugendlichen auf den einzig „richtigen" Glaubens-
weg bringen wollen.

Trotzdem. Ich bin Pastorin. Hätte ich einen anderen
Beruf, hätte mich Noemi vielleicht nicht so direkt gefragt, wie es um meine Sehnsucht nach Jesus-Nachfolge
steht. Oft bedauere ich es, dass es in unseren Kirchen nur
selten klare Glaubenszeugnisse gibt. Dass Martin Luther
auf dem Reichstag zu Worms, auf dem er seine Thesen
widerrufen sollte, gesagt hat „Hier stehe ich und kann
nicht anders. Gott helfe mir, Amen", ist Legende. Dennoch
ging dieser Ausspruch sicherlich nicht ohne Grund um
die Welt. In ihm wird eine Lebens- und Glaubenshaltung
deutlich, die ich heute vermisse. Nicht nur bei anderen,
auch bei mir selbst. Es ist so viel einfacher, Glaubens-
dinge zu relativieren oder ganz infrage zu stellen. Eine
klare Position dagegen macht angreifbar und verletzlich.

Noemi hat mich heute mit ihrer Frage auf die Spur
gebracht. Ja, ich liebe Gott und ich liebe Jesus. Ich möchte
ihm nachfolgen und notfalls mein ganzes Leben dafür
umkrempeln. Meine Gaben und Begabungen möchte ich
ihm zur Verfügung stellen. Ja, diese Sehnsucht begleitet
mich überall. Und das möchte ich auch sagen, laut und
deutlich. Hoffentlich gelingt es mir das nächste Mal besser.

Wie wäre es, das mal laut und deutlich zu sagen?
„Hier stehe ich und kann nicht anders. Gott helfe mir, Amen!"
Der Legende nach von Martin Luther

11.45 Uhr

Warten

Bevor ich ins Haus gehe, schaue ich gewohnheitsmäßig in den Briefkasten. Seit Wochen warte ich auf einen bestimmten Brief. Ich versuche zwar, nicht mehr zu warten, aber das klappt nicht gut. Immer wenn ich den Briefkasten aufschließe, steigt meine Erwartung, ich blättere schnell die Post durch, sehe aber auf den ersten Blick, dass er nicht dabei ist. Ich schlucke meine Enttäuschung runter und gehe zur Tagesordnung über. Ist ja nur ein Brief. Dennoch würde ich ihn gern in den Händen halten.

Ungeduld ist menschlich. Warten manchmal unmenschlich. Es heißt für mich: Ich richte mein Leben auf etwas aus, das außerhalb meiner Kontrolle liegt. Ich dagegen will gern selbst über mein Leben bestimmen. Beim Warten mache ich mich abhängig: Von dem, worauf ich warte. Die Israeliten warteten am Fuß des Berges, auf den Mose gestiegen war, weil er Gottes Gebote empfangen sollte. Sie warteten lange und schließlich kippte die Stimmung. Sie revoltierten gegen diesen Gott, der sich nicht zeigte, und gegen Mose, der sie einfach sitzen gelassen hatte. Sie warfen ihre Ringe, Ketten, Geschmeide zusammen und schmiedeten daraus ein Stierbild, das „Goldene Kalb". Aktiv werden, die Kontrolle übernehmen, das ist oft einfacher, als Ungewissheit aushalten. In der Bibel ist das Sünde: Gott zu wenig zuzutrauen.

Warten heißt ja nichts anderes, als für unbestimmte

Zeit in einem Modus der Ungewissheit zu leben. Manche warten jahrelang auf den richtigen Partner, manche auf ein Kind. Viele warten vergeblich. Ihr tiefster Wunsch geht nicht in Erfüllung. Durch die lange Wartezeit, in der sich alles um diesen einen Traum gedreht hat, scheint ihnen im Rückblick wertvolle Lebenszeit verloren gegangen zu sein.

Warten eignet eine eigene Qualität. Menschlich gesehen ist es eine Qual. Die Religionen lehren uns aber noch eine andere Wahrheit. Warten wird in ihnen zu einer Lebenszeit, die von einer besonders innigen Gottesbeziehung und zugleich dem bewussten Aushalten von Leere geprägt sein kann. Wer wartet, setzt seine Hoffnung und sein Sehnen auf etwas außerhalb seiner selbst. Wer wartet, ist sich niemals selbst genug. Juden warten auf den Messias. Christen warten auf die Wiederkunft Christi, manche darauf, dass das Reich Gottes schon hier und jetzt Wirklichkeit wird. Die Wartezeit ist keine verlorene Zeit, sondern bewusste Zeit für Gott und für meine eigenen Fragen und Zweifel. Für mich heißt das: Wer glaubt, kann besser warten. Ich übe mich ständig darin. Nicht nur im Advent.

11.50 Uhr

Lebenswege

Zwar war der Brief, auf den ich schon so lange warte, nicht im Briefkasten, dafür aber etwas Unverhofftes. Eine

Postkarte von Magdalena. Ihre Tochter Annalena habe ich vor elf Jahren getauft. Magdalena war damals fünfzehn, ging noch zur Schule, war schwanger und hat zwischen mir und ihren Eltern gedolmetscht – Russisch-Deutsch und umgekehrt.

Ihre Eltern hatten zwar einen deutschen Pass, konnten aber kein Wort Deutsch sprechen, das für mich verständlich gewesen wäre. Sie hatten ihren Traum wahr gemacht, waren mit ihren beiden Töchtern nach Deutschland gekommen. Fremde Heimat, in der sie sich nicht zurechtfanden. Zwei Zimmer, Küche, Bad, für ihn ein Job als LKW-Fahrer. Ihr Herz sehnte sich zurück, aber ein Zurück gab es nicht. Magdalena mit ihrem etwas altertümlichen Namen hatte sich schnell eingelebt, nur die frühe Schwangerschaft war nicht im Plan gewesen. Ihre ältere Schwester Sophie geriet an Drogen, brach die Schule ab. Sie war nur noch selten zu Hause, magerte immer mehr ab. Eines Morgens lag sie tot in ihrer Wohnung. Eine Überdosis.

Für die Eltern brach eine Welt zusammen. Ihr Traum von einer besseren Zukunft für ihre Töchter war geplatzt. Ich war damals Ende Zwanzig, es war meine zweite Beerdigung und mir fehlten die Worte. Ich schenkte ihnen Zeit. Ich fuhr sie in meinem kleinen Auto 200 Kilometer weit, damit sie Sophies Freund erzählen konnten, dass sie gestorben war. Wir saßen ihm in dem kahlen Besucherraum der JVA Vechta gegenüber. Er reagierte kaum. Der Wärter nahm ihn wieder mit und schloss ihn in seine Zelle. Zur Beerdigung kamen nur wenige Leute. Der Kaffee danach schmeckte bitter, die Brötchen rührte niemand an.

Wochen später stand Magdalenas und Sophies Mutter vor meiner Tür. In Hausschuhen und mit wirren Haaren, noch immer komplett in Schwarz. Sie hatte keine Tränen mehr und wusste nicht, wohin mit sich. Die Tabletten gegen Traurigkeit halfen nicht. Wir fuhren wieder mit meinem Auto, diesmal in die andere Richtung. Der Arzt wies sie gleich in die Geschlossene ein. Ich trug ihr die Tasche. Die Stühle dort waren auf dem Boden festgeschraubt und das Besteck aus Plastik. Sie schaute durch die gläserne Tür hinter mir her. Froh über den Schutzraum, der sie für kurze Zeit vor sich selbst bewahrte.

Ein Jahr später habe ich Annalena getauft. Ein süßes Baby in langem Rüschentaufkleid. Wir redeten nicht viel, umarmten uns. Sagten Danke und Alles Gute. Seitdem haben wir nichts mehr voneinander gehört, ich zog woanders hin. Heute dann diese Karte. Die Silhouette der Stadt auf der Vorderseite, in der wir uns kennen gelernt hatten. Sie lebt noch immer dort. Der Freund ist mittlerweile weg. Annalena ist mittlerweile ein großes Mädchen – sie sei Klassenbeste. „Ich habe lange nach dir gesucht", schreibt Magdalena. Von ihrer Mutter schreibt sie nichts. Ihr Schweigen erzählt mir die Geschichte zwischen den Zeilen.

12.00 Uhr

Was ist mir heilig?

Mit Sechstklässlern habe ich heute über die Frage diskutiert: *Was ist mir heilig?* Wir redeten darüber, wann etwas
heilig ist und wann „nur" wichtig. Die Kinder haben ihre
eigene Definition entwickelt: Heilig ist etwas dann, wenn
es so wichtig ist, dass ich ohne diese Sache nicht leben
kann. Das kann Gott sein, das können aber auch ganz andere, auf den ersten Blick alltägliche Dinge sein, in denen
ein Abglanz des Göttlichen aufstrahlt.

Wir haben auch über Luthers berühmten Satz geredet:
„Das, woran dein Herz hängt, das ist eigentlich dein Gott."
Weitere Fragen kamen auf: Was ist mir ganz persönlich
heilig? Woran hängt mein Herz so sehr, dass ich ohne
diese Sache nicht leben möchte?

Die Antworten haben mich berührt. Anna, ein schüch-
ternes Mädchen mit streng nach hinten gebundenen Haaren, hatte die überraschendste Antwort: „Mein Lötkolben."
Sie erzählte uns, dass sie jeden Tag etwas löte, Drähte oder
Metall. Sie könne sich ein Leben ohne dieses Hobby nicht
mehr vorstellen. Niemand aus der Klasse hatte davon
gewusst, obwohl sich die Kinder bereits seit fast zwei Jahren kennen. Einige lachten über Annas Antwort, aber die
meisten spürten: Anna meint das ganz ernst. Das Löten
ist für sie mehr als ein Zeitvertreib.

Was ist mir heilig? Andere Kinder sagten: meine Eltern, meine Schwester, mein Bett, meine Haustiere. Dann

meldete sich Theresa. Theresa hat Diabetes und trägt die ganze Zeit eine Insulinpumpe am Körper. Die Pumpe ist schick und lila, Theresa trägt sie lässig und für alle sichtbar an ihrer Jeans. Sie sagte: „Ohne die Pumpe würde ich sterben, weil sie mich mit Insulin versorgt. Deshalb ist sie mir heilig." Auf einmal waren alle ganz still. Wir spürten, dass es jetzt wirklich um etwas ging: Um Leben und Tod.

Und was ist mir heilig? Heute, am Montagmittag?

Gottes kleine und große Spuren, die sich wie feine Lichtfäden durch meinen Alltag ziehen. Meine Familie. Und jetzt gleich und konkret: ein Mittagessen für Leib und Seele!

> *Komm nicht näher heran! Leg deine Schuhe ab;*
> *denn der Ort, wo du stehst, ist heiliger Boden.*
> *2. Buch Mose (Exodus) Kap. 3. Vers 5*

13.30 Uhr

Mittagsglück

Schräg gegenüber von uns ist ein wundervoller kleiner Imbiss. Vietnamesisch kann man da essen. In großen Städten ist das heute nichts Besonderes mehr, in unserer Kleinstadt schon. Dazu kommt, dass dort schöne Sprüche zu lesen sind, wie: „Iss dich glücklich." Beim Essen läuft gute Musik, dezent aber fein. Ich mag es, wenn nicht nur an den Leib, sondern auch an die Seele gedacht wird. Es schmeckt mir gleich besser.

Das Essen ist ein Traum. Nur ist es mit zwei kleinen Kindern quasi unmöglich, annähernd zivilisiert auswärts zu essen. Unser Tisch sieht danach aus wie ein Schlachtfeld. Und spätestens nach einer halben Stunde ist so ein Gezeter am Gang, dass wir in 90 Prozent der Fälle fluchtartig die Lokalität verlassen. Der Bedienung werfen wir dann noch hektisch ein überdimensioniertes Trinkgeld auf den Tisch – mit einem entschuldigenden Lächeln, das so viel bedeuten soll wie: Tut uns leid für dieses Inferno, wir kommen auch so schnell nicht wieder.

Vietnamesisches Essen macht mich glücklich. Auch mit zwei kleinen Töchtern möchte ich nicht drauf verzichten. Zum meinem Glück gibt es „Pho Hanoi", diese köstliche Suppe mit Reisnudeln, auch als „to go". Also trage ich sie gut verpackt zu uns nach Hause, und wir essen sie am heimischen Esstisch. Seltsamerweise schmeckt es da aber nicht so gut wie zwischen den Glückssprüchen und der tranceartigen Musik. Den Kindern schmecken Ingwer und Zitronengras schon gar nicht, egal ob hier oder dort. Vielleicht dann doch lieber wieder Nudeln mit Tomatensoße. Und Nudeln mit Tomatensoße. Und Nudeln mit Tomatensoße.

Das ganz und gar Erstaunliche daran ist: Seit ich Kinder habe, trübt es mein Glück kaum, die ewiggleichen matschigen Tomatensoßennudeln zu essen. Die Ansprüche ändern sich. Ich hoffe nur, dass sich meine Geschmacksnerven nicht irgendwann reduzieren auf „Nudeln-mit-Tomatensoße" ...

14.35 Uhr

Gottes Lust

Gott muss die Kakaobohne aus reiner Lust erschaffen haben! Vor dem Schokoladenregal gehen mir regelmäßig die Augen über. Ich fühle mich überwältigt von der Auswahl innovativer Schokoladenkreationen. Alle klingen wunderbar. Vor mir liegen hunderte Tafeln, aber ich suche nur die eine und einzige, die mich glücklich macht. Nicht Granatapfel-Chili, Honig-Salzmandel, Caramel-Macchiato, Blaubeer-Lavendel, Joghurt oder Espresso. Ganz banal und schon fast langweilig: Trauben-Nuss.

14.50 Uhr

Wir müssen reden

Kurzes Telefonat mit dem Vorsitzenden einer der Moscheen in unserer Stadt. Wir kennen uns schon lange, oft habe ich ihn um Rat gefragt, wenn mal wieder ein „Wort zum Sonntag" zu einem der unseren Alltag beherrschenden Konflikte anstand. Heute geht es um etwas anderes. Abiturienten haben mich gebeten, ein Treffen zu arrangieren. Sie waren alle noch nie in einer Moschee, und sie trauen sich nicht, selbst zu fragen, so fremd ist ihnen diese Welt, mit der sie Tür an Tür leben. Sie möchten sich ein eigenes Bild davon machen: Was ist der Islam? Wie steht er zum Thema Gewalt? Wie leben Muslime, heute, hier? An welchen Gott glauben sie? Die jungen Leute sind bereit, ihre Schuhe am Eingang auszuziehen und Vorurteile abzulegen. Ich denke, das ist der einzige Weg. Wir müssen reden.

15.00 Uhr

Baumarkt

Wenn ich mir was Gutes tun will, gehe ich in den Baumarkt. Irgendwas gibt es immer, was ich von dort besorgen könnte. Es gefällt mir, an den hohen Regalen entlangzugehen, Holz, Keramik, Stein, Glas anzufassen. Es riecht nach unfertigen Sehnsüchten, Lebensträumen. Ich stelle mir vor, was ich daraus alles bauen könnte, könnte ich bauen. Kann ich aber nicht. Deshalb bleibt es meist beim Schauen und einem Minieinkauf in der Gartenabteilung.

So wie den Kunden da vorn bei den Natursteinplatten stelle ich mir Noah vor. Kernig, handwerksbegabt, erdverbunden. Dass der Kerl sein Haus mit seinen eigenen Händen hochgezogen hat, glaube ich ihm aus 50 Metern Entfernung aufs Wort. Davon erzählt er nämlich gerade ziemlich lautstark einem schmächtigen Jüngling, der einen Verkäuferoverall trägt und sicher noch nie länger als ein paar Tage Steinen geschleppt oder Wände eingerissen hat.

Gott hatte sich nicht ohne Hintergedanken einen wie Noah ausgesucht, der die Menschheit vor dem endgültigen Untergang bewahren sollte. Einen, der nicht lange philosophierte und Argumente abwog, sondern loslegte. Eine Arche mitten ins trockene Ackerland bauen, dazu gehört eine gehörige Portion Selbstbewusstsein. Vielleicht eher: Gottvertrauen. Und natürlich Sachverstand. Und Hände, die anpacken.

Baumärkte sind Spielplätze für Erwachsene. Sie machen Lust auf mehr. Und wenn es doch mal wieder eine Arche sein sollte.

Glaube heißt: In der Wüste eine Arche bauen.
Unbekannt

16.10 Uhr

Was ist „normal"?

Zwei brüllende Mädchen im Kinderwagen, die sich um die letzten Brötchenkrümel streiten, dazu die ziemlich eindeutigen Blicke einiger Passanten – wieder so eine überforderte Mutter, die es anscheinend nicht packt, ihre Kinder ruhig zu bekommen.

In vielen Bereichen unseres Alltags sind Kinder Störfaktoren. Nicht nur einmal habe ich es erlebt, dass im Zug die Plätze um uns herum erstaunlich leer blieben. Ja, Kinder sind laut. Zum Glück nicht nur meine. Sie nerven. Sie singen ungefragt im Ruheabteil und malen auch mal aus

Versehen auf die Zugfahrkarte. Sie sprechen fremde Leute an und sagen ihnen Dinge, die sie nicht unbedingt hören wollen, schon gar nicht von einem vierjährigen Mädchen. „Wieso guckst du so krumm?", fragte meine Ältere einen ziemlich griesgrämig dreinschauenden Managertyp in feinstem Nadelstreifenanzug und fügte, als er von seinem Platz aufstand und Richtung Toiletten ging, ziemlich laut hinzu: „Muss der Räuber Hotzenplotz jetzt Pipi?" Für den Rest der Reise habe ich mich hinter unseren großformati-gen Bilderbüchern verkrochen.

Ich denke an das Erlebnis einer Bekannten. Sie lebt in Portugal. Einmal war sie mit dem Kinderwagen in einem Restaurant, und ihr Sohn brüllte die ganze Zeit. Sie schämte sich dafür und rechnete damit, hinausgeworfen zu werden. Da kam ein Mann auf sie zu, lächelte. Fragte sie, ob er ihr irgendwie helfen könne. Es müsse ja furcht-bar für sie sein mit dem weinenden Kind.

Andere Länder, andere Sitten. Trotzdem frage ich mich, ob es nicht auch bei uns in Deutschland mehr Toleranz geben könnte denen gegenüber, die nicht so angepasst und ruhig dahinleben, ohne unangenehm aufzufallen. Vieles „gehört" sich bei uns nicht. Die Ange-passten haben gute Karten. Ist unsere Gesellschaft damit wirklich auf einem guten Weg? Brauchen wir nicht auch die anderen, die Verrückten, die Träumer und die, die in kein Raster passen?

Ich schiebe den Kinderwagen mit schreiendem Inhalt in ein Schuhgeschäft. Ein Schuhkauf kann manche All-tagsprobleme wunderbar relativieren, bei mir jedenfalls! Und prompt finde ich ein Paar großartiger Stiefel, stehe an der Kasse und der, der vor mir wartet, dreht sich um: „Sie sind doch die Pastorin, oder?" Ich bin etwas perplex und eigentlich nur damit beschäftigt, die mittlerweile still gewordenen und völlig im Schuh-Nirvana versunkenen Mädchen davon abzuhalten, sämtliche Paare aus den Regalen zu ziehen. „Äh, ja." „Wir kennen uns aus der Psychiatrie, Sie waren da doch Seelsorgerin. Wir haben uns mal unterhalten." So langsam erkenne ich die Gesichtszüge, erinnere mich an den Mann, der vor ein paar Jahren vollkommen verzweifelt vor mir saß. Es scheint so, als hätte er den Weg zurück in die Normalität geschafft. Ich allerdings bin gerade eher Löwenbabybändigerin als souveräne Seelsorgerin. Und ich kann grad nicht reden, weil meine Augen zeitgleich überall sein müssen. Ich lächele ihm hektisch zu und frage mich beim Rausgehen: Wer von uns ist eigentlich „normal"?

16.20 Uhr

Alles neu?

Gegenüber vom Schuhgeschäft entdecke ich zwei meiner Schülerinnen. Die Abiturientinnen bereiten sich in diesen Tagen auf ihre letzten Prüfungen vor. Sie strahlen diese einmalige Stimmung aus: Es ist alles offen, das Leben liegt vor mir! So gehen sie durch die Stadt, so sitzen sie im Unterricht. Hören zu und hören nicht mehr zu. Ihre Gedanken sind schon ganz woanders. Endlich eigene Wege

gehen, ausziehen, andere Städte und Welten kennenlernen. Ich schaue mir das an und freue mich mit ihnen. Ich
kann mich noch gut an dieses Freiheitsgefühl erinnern –
und zugleich fühle ich mich selbst unsäglich alt!

Je älter ich werde, desto mehr schrumpfen die Perspek-
tiven. All diese Gedankenspiele, die ich jahrelang hatte,
ich muss sie langsam ad acta legen: Vielleicht doch noch
etwas anderes lernen, studieren? Ganz anders leben? Es
ist, wie es ist. Irgendwann ist der Zug abgefahren, die ersten Beziehungen sind in die Brüche gegangen, das Leben
hat seine Spuren in meine Haut eingezeichnet.

Es gibt ein Zu-Spät. Eine Erkenntnis, die im ersten
Moment ziemlich wehtut. Wenn man grad mit der Schule
fertig ist, gibt es diesen Gedanken nicht. Es scheint alles
möglich, zu jeder Zeit. Umso bitterer, wenn unzählige
Bewerbungen ins Leere laufen, Jugendliche sich nutzlos
fühlen.

Jesus hätte mir wahrscheinlich widersprochen, gesagt,
dass das nicht stimmt, mit dem Zu-Spät. Dass es immer
einen Neuanfang geben kann, sogar noch im hohen Alter.
Dass man immer eine Wahl hat. Wahrscheinlich hat er
Recht. Wahrscheinlich muss ich noch lernen, wie sich
ein Neuanfang mit gescheiterten Projekten im Gepäck
anfühlt. Ich merke nur: Es wird schwerer. Ich bin skeptischer. Vielleicht auch: abgeklärter. Einfach nur neu und
anders reicht nicht. Es gehört mittlerweile mehr dazu, einen neuen Anfang zu wagen. Alles hinter mir stehen und
liegen lassen: Diese Option gibt es schon lange nicht mehr.

Trotz aller Abituriententräumerei: Ich mag das gern –
älter werden. Für mich heißt das: genauer hinschauen.

Intensiver fühlen. Ehrlicher sein, zu mir selbst und zu anderen. All das ist gewachsen aus dem, was mein Leben zu dem macht, was es ist. Dafür bin ich dankbar, auch wenn bisweilen nicht alles leicht war. Es macht mich zu dem Menschen, der ich bin. Und dahinter möchte ich nie wieder zurück. Ich möchte trotzdem nicht aufhören nachzuforschen, wie das gehen kann: alles neu, immer wieder und jeden Tag, in meinem älter werdenden Körper, mit meinen Erinnerungen und Erlebnissen, die sich in meine Seele eingeschrieben haben.

19.45 Uhr

Arbeiten

Endlich schlafen die Kinder. An manchen Tagen beginnt für mich erst dann der Arbeitstag. Heute muss ich auch noch einiges erledigen, E-Mails beantworten und Unterrichtsstunden vorbereiten. Ich arbeite leidenschaftlich gern. Es ist erfüllend für mich, Dinge voranzubringen, mit Menschen in Kontakt zu kommen, die auf der Suche nach Sinn, nach Erfüllung, nach Gott sind. Gott braucht uns an ganz unterschiedlichen Orten. Für jede unserer ganz persönlichen Begabungen gibt es einen Ort, an dem sie sinnvoll eingesetzt werden kann, davon bin ich überzeugt. Für manche gibt es Geld, für manche nicht.

Die Erde bebauen und bewahren sollen wir. Sagt Gott. Wenn wir arbeiten, machen wir das also nicht zum reinen Selbstzweck – mein Haus, mein Auto, meine Karriere. Wir erfüllen Gottes Auftrag. Gott hat uns nicht geschaffen, damit wir uns ins gemachte Nest einer perfekten Schöpfung setzen. Nein, wir sollen die Schöpfung nutzen, sie zu einem lebenswerten Ort machen. Viele Menschen, die ich als Seelsorgerin begleite, suchen nach einer sinnvollen Beschäftigung jenseits der Erwerbsarbeit. Sie waren entweder lange wegen der Kinder zu Hause und haben keine Chance mehr, in den Arbeitsmarkt hineinzukommen, sie sind wegen einer Erkrankung frühverrentet oder stehen mit Mitte 60 vor der Frage, was sie in ihrer dritten Lebensphase mit sich anfangen sollen.

Sinnvolle Dinge zu tun gibt es doch eigentlich genug! Eigentlich. Wo aber anfangen? Im ersten Schritt geht es ganz einfach um das: auf mein Herz hören, meiner inneren Stimme folgen – wofür interessiere ich mich? Was wäre mein Lebenstraum und was hindert mich daran, ihn umzusetzen?

Dabei muss ich an Helen denken. Ich begleitete sie für einige Zeit. Sie muss jetzt Anfang siebzig sein, sie ist pensionierte Lehrerin und träumte damals davon, für einige Jahre nach Ghana zu gehen, um dort in einem Dorf eine Schule mit aufzubauen. Die Kontakte hatte sie. Sie hätte sofort anfangen können. Sie hätte nur ihre schöne Altbauwohnung in Köln auflösen, sich von ihren Kindern und Enkelkindern verabschieden und ins Ungewisse aufbrechen müssen. Immer mit dem Risiko im Nacken, dass es nicht klappt, dass sie krank wird, dass sie scheitert. In unseren Gesprächen war sie unsicher, ob sie es wagen solle. Und ob sie nicht sowieso schon viel zu alt für so ein Abenteuer sei?

Ich weiß nicht, ob Helen ihren Traum wahr gemacht hat und wirklich nach Ghana gegangen ist. Ich weiß nur, dass es nie zu spät ist, sich einzusetzen; Dinge zu verändern. Gott braucht uns. Unseren Kopf, unser Herz, unsere Hände, unsere Füße, unser Lachen und unsere Tränen – und das, was man Seele nennt.

20.00 Uhr

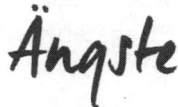

Ich schalte die „Tagesschau" ein. So viele schreckliche, entmutigende Nachrichten. Manchmal sorge ich mich darum, dass wir manche Konflikte wie den im Nahen Osten niemals in den Griff bekommen werden, dass es schlichtweg keine Lösung dafür gibt. Ich kann verstehen, dass manche Menschen am liebsten ihre Augen vor all dem Leid und den Schreckensnachrichten verschließen wollen. So viel Ungewisses kann Angst machen.

Sind Sie ein ängstlicher Mensch? Ich nicht. Eigentlich. Ich teste gern meine Grenzen aus. Gehe neue Wege. Ich mag Unvertrautes. Trotzdem habe ich Ängste. Davor, dass meinen Kindern etwas zustoßen könnte: Dass ich einen Moment nicht aufpasse und sie vor ein Auto laufen oder dass sie unheilbar krank werden. Was auch immer. Ich habe Angst, dass meinem Mann etwas passiert. Was auch immer. Ich fürchte mich vor den Momenten, in denen meine Mutter und mein Vater sterben werden. Ich kann mir nicht vorstellen, wie es ist, ohne Eltern zu leben. Obwohl ich ja selbst schon lange erwachsen bin. (By the way: Wird man eigentlich jemals so richtig erwachsen?)

Genaugenommen habe ich also nur vor einer Sache wirklich Angst: Menschen zu verlieren, die ich liebe. Diese Verlustangst begleitet mich ständig. Sie ist für mich aber nicht bedrohlich, im Gegenteil. Sie rückt immer wieder meine Perspektive auf mein Leben zurecht: Was ist wirklich wichtig? Wofür lohnt es, zu streiten, zu kämpfen, zu weinen?

Im Grunde genommen geht es in der „Tagesschau" genau um diese Verluste, vor denen ich selbst Angst habe. Nur werden dort die Menschen, die getötet werden, verhungern und die, die trauernd zurückbleiben, niemals bei ihrem Namen genannt. Sie heißen „Opfer" oder „Zivilisten" und es handelt sich um „humanitäre Katastrophen", nicht um Sharif, Samira und Abdul. Eins ist klar: Wegschauen hilft nicht. Egal was wir tun oder nicht tun, wir bleiben nicht davon verschont, dass das Leben auch Leid mit sich bringt. Daher ist es besser, der Angst davor offen ins Gesicht zu schauen, als sich selber einzureden, es wäre möglich, sich gegen alles Unheil der Welt abzuschotten.

In der Welt habt ihr Angst.
Aber seid getrost, ich habe die Welt überwunden.
Johannesevangelium Kap. 16 Vers 33

21.30 Uhr

Zweifel?

Die Nachrichtenflut in den Medien überrollt mich
manchmal. Ich schalte auf Durchzug. Möchte nichts mehr
hören, mag nichts mehr glauben. Oft bin ich wütend
darüber, wie schnell es heute geschehen kann, dass die
öffentliche Meinung manipuliert wird oder dass Menschen einem medialen „Shitstorm" ausgeliefert sind, noch
bevor eindeutig bewiesen ist, dass sie wirklich zu Recht
für etwas beschuldigt werden.

Glauben Sie alles, was Ihnen gesagt wird? Ich bin ein
rundum skeptischer Mensch. Ich möchte nichts einfach
so hinnehmen. Deshalb mag ich den ungläubigen Thomas. Er kann nicht glauben, dass Jesus wirklich aufer-
standen ist, nur weil das ein paar Leute sagen. Er will ihn
sehen. Ihn fühlen. Seine Finger in seine Wundmale legen.
„Jesus kommt noch einmal wieder. Er lädt Thomas ein,
die Wunden mit seinen Händen zu ertasten, zu fühlen
und zu sehen, dass wahr ist, was eigentlich nicht wahr
sein kann. Jesus meint: *„Selig sind die, die nicht sehen und
trotzdem glauben"* (Johannesevangelium Kap. 20 Vers 29).
Ich meine: Manchmal muss man sehen und fühlen, damit man glauben kann. Wir Menschen kommen ja nicht
aus unserer Haut.

22.45 Uhr

Gott und ich

Es ist still. Alle Aufgaben des Tages sind erledigt. Ich lege die Füße hoch, gieße mir ein Glas Wein ein und zünde eine Kerze an. Ich mag diese Zeitspanne zwischen Tag und Nacht. Genau die richtige Zeit, um mich einem Thema zu widmen, das so naheliegend ist, dass man es fast vergessen könnte. Ich meine: Gott. Beziehungsweise: Gott und ich. Oder ich und Gott. Jedenfalls: Wie das aussieht mit uns beiden. Über das Wesentlich wird ja oft zwischen Tür und Angel geredet. Nicht mehr hier, aber auch noch nicht dort. Ich finde den Türrahmen deshalb einen wunderbaren Ort für die wichtigen Fragen des Lebens. In biblischer Zeit war dieser Ort das Tor. Die wichtigen Verhandlungen fanden dort statt. Zwischen innen und außen. Heute könnte das auch noch so sein, wir hätten manchmal einen größeren Horizont bei Entscheidungen, die wir zu fällen haben. „Zwischen Tür und Angel" – das sind für mich auch die Zeiten zwischen Nacht und Tag, Tag und Nacht. Wahrscheinlich komme ich deshalb jetzt, so kurz vor dem Schlafengehen noch darauf zu sprechen.

Manche meinen, ich würde total anders leben als sie selbst. Weil ich Pastorin bin und damit ja Gott irgendwie näher. Auf jeden Fall ein bisschen heiliger als der Durchschnitt. Ich bin über solche Äußerungen immer wieder verwundert. Klar, ich habe einen heutzutage ungewöhnlichen Beruf. Es ist für mich der schönste Beruf der

Welt. Das bedeutet aber nicht, dass ich nur in der Kirche glücklich bin, im Gegenteil. Über vieles, was in unseren Kirchen passiert, rege ich mich sehr auf. Kirchliche Veranstaltungen und Gottesdienste sind aber nicht der einzige Wohnraum Gottes, davon bin ich überzeugt. Deshalb bin ich eine Alle-Tage-Liebhaberin, am liebsten würde ich mich Alltagspriesterin nennen, ständig auf der Suche nach Gottesspuren mitten im Leben.

Wenn ich an Gott denke, ist das wunderbar unaufgeregt. Er war irgendwie schon immer da. Das Vaterunser lernte ich am schummrigen Abendbrottisch meiner Großeltern, ansonsten habe ich mich nicht viel mit Gott beschäftigt. Nach einem Jahr in Indien, einem Land voller Altäre, Tempel und Gottheiten, habe ich mich zum Theologiestudium eingeschrieben. Ich wollte diesem Gott auf die Spur kommen, der mir so unvertraut vertraut war, aber mich nicht losgelassen hat. Ich wollte die kirchlichen Verpackungen abkratzen und zum Kern vorstoßen. An der Uni stieß ich dann allerdings nicht auf Gott, sondern auf Lehrsätze über ihn. Ich lernte, dass es nahezu unverantwortlich sei, einfach von ihm zu reden ohne jegliches biblisches und kirchengeschichtliches Wissen. Und ich verstummte verschämt.

Was ich schon lange gesucht hatte, aber nicht wusste, dass ich es suche, fand ich im Kreuz. Es war in einer Systematik-Vorlesung und mir liefen die Tränen. Gott durchkreuzt die Welt und kommt mir näher, als ich es für möglich halten kann. Endlich war Gott aus seinem fernen Wolkendasein, den Mitsingliedern und mir unverständlichen Predigten befreit, und ich hatte ein Gegenüber gefunden.

Gott war mir schon näher gekommen, aber ich konnte ihn noch nicht in mir fühlen. Dann gab es die Stunde Null in meinem Leben, ein ärztlicher Kunstfehler, der alles unter andere Vorzeichen setzte. Mehrere Wochen lag ich mit drei Frauen in einem Zimmer in der Medizinischen Hochschule. Und sie fragten mich, die kleine Theologiestudentin, wieso Gott so unbarmherzig das kleinste Glück zerstöre. Ich selbst, durch Schläuche ans Bett gefesselt, stritt mit diesem Gott, der mir so fern schien angesichts des Leids in mir und um mich herum. Und wir vier Frauen haben über ihn geredet. Nächtelang. Und ich weiß nicht wieso, in mir wuchs ein großer Frieden mit dem, der keine Antwort gab. Im Nachtschrank lag das kleine Holzkreuz, das ich von meinem Großvater geerbt hatte, es war mit ihm in Russland und in Frankreich gewesen, als Krieg war. Oft presste ich einfach meine Finger um das Kreuz, die scharfen Kanten schnitten mir in die Haut. Etwas war gut geworden. Gott war angekommen in mir und ich in ihm. Es musste nichts beschönigt werden.

Einige Zeit später stand eine Riege von Ärzten um mein Bett und einer meinte, dass ich wohl einen guten Draht zu dem da oben haben würde. Ich schaute ihn an und wusste, dass er keine Ahnung hat. Gott kam leise, es gab keine Explosion und kein Bekehrungserlebnis. Fast unbemerkt hatte er im Krankenzimmer und in meinem Herzen Raum genommen.

Ich stehe auf und nehme das kleine Holzkreuz aus der Schublade. Es fühlt sich vertraut und fremd zugleich an. Ich weiß: Es wird mich weiter begleiten, und es wird seine eigene Spur in mein Leben einschreiben.

Dienstag

7.00 Uhr

Grenzen-los

Manchmal wache ich morgens auf und würde mich gern einfach nur treiben lassen. Dahin fahren, wo ich im Winter frische Mangos essen kann. Alle Länder dieser Welt würde ich erkunden wollen. Mehrere Sprachen sprechen und den Humor der Japaner verstehen. Die Nächte zum Tag machen und bis in die Puppen schlafen. Lieben bis zum Umfallen. Glücklichsein ohne die Angst im Nacken, dass morgen schon alles anders sein kann. Mal einfach so nicht arbeiten gehen. Spontane Fahrt ins Blaue über die Alpen zum Meer. Ein Schiff besteigen und lange nicht ankommen. In fremden Häfen ein kleines Dachzimmer nehmen und ein halbes Jahr nur schreiben, lesen und im Café gegenüber auf wackligen Stühlen Espresso trinken.

Alle Grenzen wären aufgehoben, und es gäbe nur mich und ein Meer unendlicher Möglichkeiten.

Was mir ziemlich oft genügt: Manchmal wache ich morgens auf, und alles ist gut. Kein Kind hat in der Nacht geweint und es gab acht Stunden Schlaf am Stück. Ich freue mich auf das, was für heute im Terminkalender steht.

Manchmal wache ich morgens auf, und die Sonne strahlt wärmer als sonst. Das Himmelblau lugt verheißungsvoll zwischen den Vorhängen durch, und das Haus duftet schon vor dem Aufstehen nach Kaffee. Ich bekomme ihn ans Bett gebracht, und auf dem Milchschaum ist ein Herz aus Kakao.

8.00 Uhr

Schönheit

„Du bist heute so schön, Mama", sagte meine ältere
Tochter vorhin auf dem Weg zum Kindergarten zu mir.
Der Satz passt nicht zu meinem momentanen Gefühl:
unausgeschlafen, verschnupft, nur schnell irgendwas
angezogen, noch gar nicht richtig in den Spiegel geschaut.
Schön?

Wann fühlen wir uns schön und warum? Hängt das
nur vom äußeren Erscheinungsbild ab? Ich merke: Die
Frage nach Schönheit handelt nicht von Unter- oder
Übergewicht, Falten oder krummen Rücken. Sie führt ins
Innere. Zum Kern meines Wesens. Sie handelt von dem,
was mich zu dem Menschen macht, der ich bin, von dem
Gott gesagt hat: Siehe, es ist sehr gut. Ich habe dich wun-
derbar gemacht.

Nach sechs Tagen Schöpfung ruhte sich Gott aus. Er
sah an, was er gemacht hatte. Er sah mit den Augen eines
Liebenden, weil in allem, was er gemacht hatte, ein Teil
von ihm enthalten ist.

Was für ihn gilt, gilt für mich: Was ich liebe, finde ich
schön. Schönheit, der Funke göttlicher Liebe, der mich
einzigartig macht. Weil Gott mich liebt, bin ich schön.
Kann ich das hören, und geht das Gehörte ins Herz? Vielleicht muss es heute Morgen meine Tochter sagen, weil
ich mir das nur selten selbst sagen kann. Sie interessiert
sich nicht dafür, ob ich grad mit meinem Äußeren zufrie-

den bin oder nicht. Sie meint nicht die Hülle, sie meint ihre Mama. „Du bist heute so schön." Mit dieser Liebeserklärung im Herzraum gehe ich weiter durch den Tag.

Heute gehe ich auf Reisen. Eine Konferenz in Frankfurt. Ich bin spät dran, wie immer.

8.25 Uhr

Vor der Abfahrt des Zuges oder: Tischgebete?

Der ICE nach Frankfurt hat einige Minuten Verspätung. Dadurch habe ich das Glück, auf dem Bahnsteig Zeugin eines sehr berührenden Wortwechsels zu werden. Ich stehe neben einem älteren Herrn, der seine Tochter und seinen Enkel zum Zug bringt. Als die Einfahrt des Zuges angekündigt wird, fragt die Frau ihren Vater: „Papa, kannst du mir schnell noch das Tischgebet diktieren, das du immer sprichst? Ich fand das so gut und möchte das zu Hause auch mal sprechen." Und er fing an. Ganz genau kann ich es nicht mehr wiedergeben, es ging ungefähr so: *„Vater, wir leben von deinen Gaben. Segne das Haus, segne das Brot. Gib uns die Kraft, von dem, was wir haben, denen zu geben in Hunger und Not."*

In dem Moment, in dem der Zug in den Bahnhof rauscht, ist sie fertig mit Aufschreiben und sagt noch beim Einsteigen zu ihrem Vater: „Weißt du, man denkt sich ja immer, dass man ja irgendwas beten kann. Aber dann hat man doch keine Worte für das, was man sagen will."

Ich steige hinter ihnen ein. Mich bewegt diese kleine Begebenheit. Sicherlich ist die Frau keine Kirchgängerin, ihr fünfzehnjähriger Sohn schon gar nicht. Dennoch hat sie die Tradition ihres Vaters beeindruckt: Vor dem Essen wird ein Gebet gesprochen. Da lebt sie seit Jahrzehnten ihr ganz eigenes Leben, hat selbst Familie, und doch scheint da etwas zu fehlen. Und ich lerne für mich, die ich auch ziemlich kritisch bin gegenüber bloßen Formeln: Ein Gebet mit festgefügten Worten kann mehr als nur leere Worthülse sein. Es kann eine Hilfe sein in Zeiten, in denen einem selbst die Worte abhandengekommen sind.

9.00 Uhr

Zugfahren

Über wenig sind wir Deutsche uns einig. Aber wenn es um die Deutsche Bahn geht, hört man von fast jedem: Der ICE ist eiskalt oder überhitzt, kommt zu spät oder gar nicht. Ich fahre sehr gern mit der Bahn. Ich spare mir den Stress, über die Autobahn zu rasen. Ich höre fremde Dialekte, sehe in alte und junge Gesichter und frage mich, woher sie kommen, wohin sie fahren, worüber sie nachdenken. Bahnfahren schafft Nähe. Im Auto sitze ich dagegen in meinem privaten Kokon und bekomme von der Welt um mich herum nur wenig mit. Heute Morgen fahre

ich Richtung Süden. Wenn die Kasseler Berge beginnen,
beginnt mein Fernwehgefühl. Die hügelige Landschaft ist
nicht meine. Aber ich genieße das Andere.

Als Kind war ich häufig mit meinem Opa unterwegs.
Wir fuhren beide gern mit dem Zug. Allerdings nur im
Regionalexpress und nur so weit, dass wir abends wieder
zu Hause sein konnten. Der Radius war also begrenzt,
aber ausreichend für mich. Bremen, Lüneburg, Bad
Harzburg, so roch für mich die weite Welt. Ich liebte diese
Fahrten. Wir redeten dabei nicht viel. Unser stilles Einverständnis bestand darin, dass wir am Zielort heißen Kakao
mit Sahne tranken.

Die eindrücklichsten Zugfahrten habe ich in Indien
erlebt. 39 Stunden lang im Karnataka-Express von Banga-
lore bis Delhi. Man lebt, schläft, isst auf engstem Raum.
Ein Bordbistro gibt es nicht. Dafür an jedem Bahnhof
Männer und Frauen, die einem gegen ein paar Münzen
frisch frittierte Gemüsebällchen oder ein Glas Tee herein-
reichen. Verspätungen sind kein Thema. Auch bei einem
scheinbar grundlosen Halt auf freier Strecke kein Murren,
kein Geschimpfe, wie es mit Entschädigung aussieht. Das
stille Einverständnis der Reisenden besteht darin, Rei-
sende zu sein. Einen anderen Plan haben wir nicht für
diese 39 Stunden. Wenn es 46 Stunden werden, ändert
das nichts. Die Welt dreht sich auch ohne die Reisenden
weiter. Es kümmert sie nicht, ob sich jemand hektisch
über ein paar Minuten verlorene Zeit ärgert. Kann Zeit
überhaupt verloren gehen?

Bahnfahren. Fremde reisen in dieselbe Richtung, und
jeder hat ein anderes Ziel. Fremde kommen von densel-

ben Orten und wissen nichts voneinander. Das Leben als Reise. Manchmal gibt es Begegnungen, ein Wiederentdecken, ein Neufinden. Manchmal gibt es auch das alles nicht, und man reist allein, ohne dass es jemand anderem aufgefallen wäre. Manchmal ist sich jeder eben selbst genug. Manchmal bin ich mir selbst auch genug und freue mich über ein paar Stunden mit vorüberziehender Landschaft. Ich lehne meinen Kopf gegen das Fenster und träume mich fort, ohne woanders sein zu wollen als dort, wo ich gerade bin. Wagen 27, Ruheabteil.

Der ICE hat seine kleine Verspätung aufgeholt und wird pünktlich ankommen. Die Klimaanlage funktioniert. Nix zu meckern.

9.45 Uhr

Un-Eindeutiges

Drei junge Frauen sitzen mit mir im Abteil. Sie unterhalten sich über ihre Smartphones, Musik, Modemarken. Vom Dialekt her würde ich sagen, sie kommen aus Baden-Württemberg und fahren gerade wieder heim. Ich mag diesen Dialekt, er klingt weich und nach einem Deutschland, das mir unvertraut ist.

Doch diese drei Mädchen brechen das beschauliche Bild, das sich in mir einstellt: Sie tragen Kopftücher, haben tolle braune Augen, lange Wimpern und dunkle Haut. Manchmal sprechen sie zwischendrin auch arabisch, dann wieder deutsch. Es ist deutlich: Sie wachsen in zwei Welten auf und sind in beiden Welten gleichermaßen zu Hause.

Ich sitze da, zwischen den Mädchen, die ihre ganz normalen Frauengespräche führen. Es fühlt sich gut an und richtig. So klingt das Deutschland, in dem ich gern zu Hause bin.

10.15 Uhr

Woanders sein

Es tut mir gut, immer mal wieder woanders zu sein – und wenn es nur eine Dienstreise in eine andere Region Deutschlands ist. Fremde Gerüche, anders klingende Sprachfetzen, oder Fahrkartenautomaten, deren Logik ich erst auf den zweiten Blick durchschaue. Ich brauche das, um wieder ganz bei mir zu sein. Zu wissen, was mir wichtig ist, und auch: wohin ich gehöre.

Die Menschen, von denen in der Bibel erzählt wird, zeichnen sich für mich vor allem dadurch aus, dass sie bereit sind, sich unbekannten Situationen auszusetzen. Sie sind unterwegs, sie suchen, sie scheitern, sie kehren um und gehen weiter. Wenn alle am liebsten immer nur zu Hause geblieben wären, würde es keine Bibel geben und schon gar keine christlichen Gemeinden auf allen Kontinenten dieser Welt. Menschen, die von einer inneren Leidenschaft, einer Gottes-Sehnsucht getrieben sind, hält es nicht im heimischen Wohnzimmer. Sie müssen raus.

Wir Deutschen sind ein reiselustiges Völkchen. Kaum ein Landstrich, in dem man nicht Gefahr läuft, jemanden zu treffen, der jemanden kennt, der jemanden kennt. Letztens, während eines Kurzurlaubs in der Türkei, hat mir der Hotelbesitzer (ein gebürtiger Türke, der als Gastarbeiter nach Dortmund kam, sich dort hochgearbeitet hat und dann mit seiner Frau ein Hotel an der Türkischen Riviera aufgebaut hat) erzählt, dass er sein Hotel genau nach den Kriterien führt, die wir Deutschen an einen gelungenen Urlaub legen. Und sein Konzept geht auf! Die Deutschen fühlen sich wohl, nahezu zu Hause. Man kann sagen, dass er viel über uns weiß. Mehr vielleicht, als uns lieb ist. „Ihr Deutschen braucht das so", sagte er mir. Trotzdem bin ich froh, dass wir nur wenige Tage in dem Hotel waren. Es war alles wunderbar, sauber, lecker, freundlich. Aber es war eher ein Urlaub in einem deutschen Hotel, das zufällig an der türkischen Mittelmeerküste liegt. Die Türkei habe ich dort nicht kennengelernt. So schön es dort auch war, beim nächsten Mal werden wir ein anderes Hotel buchen. Vielleicht riecht es dort anders und das Essen schmeckt exotisch. Genau dafür fahre ich ja weg! Um das Fremde zu genießen und um wieder zu spüren, was mir wirklich am Herzen liegt.

Woanders sein. Merken, dass die Welt größer ist als das, was in meinem eigenen Suppenteller geschieht. Dazu genügt manchmal schon eine Bahnreise oder auch nur ein Ausflug in einen anderen Stadtteil, in dem Menschen wohnen, denen anderes wichtig ist als mir.

11.30 Uhr

Sitzungen

Sitzungen, Meetings, Konferenzen, Tagungen, wie auch immer man diese Zusammenkünfte beruflicher Art nennen möchte – sie sind besonderer Natur. Es geht meist um Wichtiges, und ziemlich oft finden sich Menschen zusammen, die sich selbst und das Thema noch wichtiger nehmen als es eigentlich ist. Mit professionellen Methoden versucht man das Chaos zu bändigen, um nicht ständig auf Nebengleise oder Nebenschauplätze zu geraten – Gesprächsführung, Moderationsmethoden, Protokollantinnen und Protokollanten. Es gibt Kaffee und Kekse. Um die Sache soll es gehen. Geht es auch oft. Aber die anderen Themen, die unterschwellig mitschwingen, sind nicht weniger wichtig: Wer hat welche Position, wer darf was sagen, wem wird wie viel Redezeit zugestanden – nicht zuletzt: Über wessen Witze wird gelacht und über wessen nicht?

Wenn man es genau nimmt, hatte Jesus auch viele Sitzungen, zumindest Arbeitsessen. Die Bibel erzählt sicherlich nur von einigen der Konflikte, die es dabei gegeben hat: Wer darf zu Jesus hinein, wer bleibt draußen. Die Frau, die ihm die Füße gewaschen und gesalbt hat, zum Beispiel. Sie war kein geladener Gast. Auf irgendeinem Weg hat sie sich Einlass ins Haus des Pharisäers verschafft, bei dem Jesus zu Gast war und gerade beim Essen saß. Sie hat die Konventionen missachtet, aber Jesus nimmt sie ernst. Auf einmal sind die, die sich im Recht meinen, infrage gestellt. Hatten sie etwa Jesus die Füße gewaschen und sie gesalbt, als er das Haus betreten hatte?

In kirchlichen Zusammenhängen beginnen Sitzungen meist mit einer Andacht oder einem Lied. Ich mag das. Damit werden das Thema der Sitzung und die zwischenmenschlichen Konfliktfelder vor einen anderen Horizont gestellt. Bei manchen Sitzungen stelle ich ganz bewusst eine Kerze auf den Tisch. Damit der, um den es direkt oder indirekt geht, Raum hat. In Kopf und Herz.

11.45 Uhr

Kinder und/oder Karriere?

Ich habe mich in den letzten Jahren sehr darum bemüht, die Anzahl meiner „Sitzungen" auf ein Minimum zu reduzieren. Natürlich ist es wunderbar, gleichgesinnte Kolleginnen und Kollegen zu treffen, sich mit ihnen auszutauschen und gemeinsam Projekte voranzubringen. Wer erfolgreich sein will, muss seine Netzwerke pflegen. Ohne Kontakte kein Erfolg. Aber wahr ist auch: Sitzungen, Meetings, Tagungen, Konferenzen nehmen einen großen Raum ein. Mit zwei kleinen Kindern muss ich genau kalkulieren, wie ich meine Zeit einteile und wofür. Die Konsequenz ist: Ich bin aus dem „Sitzungs-Netzwerk" rausgefallen. „Nur" meine Arbeit zu machen reicht eigentlich heute nicht mehr, wenn ich in meinem Beruf wirklich erfolgreich sein möchte. Mit meiner Entscheidung für

Kinder habe ich mich automatisch dagegen entscheiden müssen. Entweder-oder. An die absolute Vereinbarkeit von Kindern und Karriere glaube ich persönlich schon lange nicht mehr. Wobei für mich immer noch die offene Frage im Raum steht: Was ist eigentlich Karriere? Und wie erstrebenswert ist es wirklich, die sogenannte Karriereleiter immer höher hinaufzuklettern? Festen Boden unter den Füßen zu haben finde ich dagegen eine ziemlich attraktive Sache!

Was ich spannend finde: Mittlerweile gibt es immer mehr Firmen, die auch Menschen mit kleinen Kindern die Möglichkeit geben, weiterhin mitzudenken. Es gibt Spielecken und man kann sich seine Arbeitszeit komplett selbst einteilen. In einigen Agenturen steht ein Kicker oder eine Tischtennisplatte auf dem Flur. Dort ist man schon lange bei der Erkenntnis angekommen, dass es nicht wirklich effektiv ist, stundenlang um einen Tisch zu sitzen und zu reden. Man braucht auch Auszeiten. Spaß. Bewegung. Das könnte ja auch eine Pause auf dem Spielplatz sein!

13.10 Uhr

Kompromisse?

Kleine Mittagspause, ich geh kurz raus aus dem Sitzungsraum. Frische Luft schnappen tut gut. Manche Diskussionen regen mich richtig auf. Es dauert Stunden, bis alle Meinungen ausgetauscht sind, und das Ergebnis ist irgendein schaler Kompromiss, der niemandem wehtut, aber der die Dinge auch nicht wirklich weiterbringt.

Weshalb ich Jesus so sehr bewundere: Er war in allem, was er tat, absolut kompromisslos. Was soll ich tun, damit ich das ewige Leben habe, fragte ihn einer, der bereits absolut vorbildlich lebte. Er hielt die Zehn Gebote ein, tötete nicht, ehrte seine Eltern, liebte seinen Nächsten. Was also fehlte? Jesu Antwort passt in einen Satz: *„Verkauf alles, was du hast, gib es den Armen und komm mit mir"* (Markusevangelium Kap. 10 Vers 21).

Der, der gefragt hatte, ging mit hängenden Schultern weg. Er war reich und gab auch dann und wann von seinem Reichtum ab. Aber *alles* weggeben? Nein. So weit konnte er nicht gehen. Das Urteil Jesu klang vernichtend: Eher geht ein Kamel durch ein Nadelöhr, als dass ein Reicher in den Himmel kommt.

Könnte ich so weit gehen? Auf alles verzichten? Wohnung, Krankenversicherung, Bausparvertrag? Ich weiß, ich passe mit dem, was mir so am Herzen liegt, noch lange nicht durch ein Nadelöhr. Und Sie?

Jesus setzt die Latte hoch. Ein anderer wollte ebenfalls mit ihm gehen und bat ihn, vorher noch seinen Vater zu beerdigen. Jesus lehnt ab mit den harten Worten: *„Lass die Toten ihre Toten begraben"* (Matthäusevangelium Kap. 8 Vers 22). Auch die, die alles aufgegeben und ihre Familien zurückgelassen haben, um Jesus nachzufolgen, sind immer wieder bestürzt. Wer soll diese hohen Maßstäbe erfüllen können? Unmöglich! Für Menschen vielleicht unmöglich, antwortet Jesus ihnen, bei Gott aber ist alles möglich.

Ich möchte mir von dieser felsenfesten Zuversicht eine Scheibe abschneiden: Bei Gott ist alles möglich und daher: keine Kompromisse, wenn es um Nachfolge geht. Nie und niemals. Klar: Mit dieser Haltung macht man sich nicht nur Freunde. Im Gegenteil. Man verbaut sich auch Chancen. Wer nicht kompromissfähig ist, schießt sich selbst ins Aus, das ist auch unter Christen so. Ich möchte diese Kluft zwischen Jesus und mir aber nicht wegreden oder seine Aussagen einfach nur in den Kontext von vor 2000 Jahren packen nach dem Motto: Das war ja damals anders gemeint, nicht so hart, wie es klingt.

Ich bin fest davon überzeugt, dass Jesus es genauso kompromisslos gemeint hat, wie er es gesagt hat! Es ist eben kein Sonntagnachmittagsspaziergang, ihm nachzufolgen, sondern eine Lebensentscheidung, die Folgen für alles und alle hat. Wie das zu schaffen ist? Gegen alles Schönreden und Weichspülen und als Ermutigung, endlich keine Kompromisse mehr einzugehen, sagt Jesus diesen klaren, starken Satz: Bei Gott ist alles möglich!

17.00 Uhr

Durchgangsstationen

Die Deutsche Bahn arbeitet heute perfekt. Ich werde pünktlich zu Hause sein. Draußen wird es dunkel, bald werde ich im Fenster nur noch mein Spiegelbild sehen. Die Landschaft verschwindet in der Abenddämmerung.

Außen und innen werde ich in der nächsten Stunde auf mich selbst zurückgeworfen sein. Ich mag diesen Zwischen-Zustand. Zwischen zwei Orten, zwei Welten. Nicht mehr da, noch nicht dort. Vielleicht bin ich deshalb so gern auf Bahnhöfen und Flughäfen. Diese Zwischenstationen atmen für mich Freiheit. Alle, die dort sind, sind Gäste auf Zeit. Diejenigen dagegen, die sich dort einrichten müssen mit Decken, Hunden oder monatelang gefangen sind im Transitbereich, weil sie nicht die richtigen Papiere vorweisen können, erleben solche Orte gewiss anders.

Für sie ist das Tor zur Freiheit ein Gefängnis in der Jetztzeit. In den meisten Fällen nur das Tor in eine Vergangenheit, aus der sie um jeden Preis fliehen wollten oder mussten. Ich bin in der glücklichen Lage, selbst entscheiden zu können, in welches Flugzeug und in welchen Zug ich steige. Wohin ich fahre und ob ich zurückkomme.

Wer entscheidet, mit welchem Pass man geboren wird?

18.15 Uhr

Was ist das also – Freiheit?

Wenn ich an Freiheit denke, kommt mir sofort eine Melodie in den Kopf: „Über den Wolken muss die Freiheit wohl grenzenlos sein ..." Mit diesem Lied von Reinhard Mey bin ich groß geworden. Ich lag im Park zwischen hohen

Gräsern, schaute in den stahlblauen Himmel, wohin sich nur ein paar kleine weiße Wölkchen verirrt hatten. Ich hatte Kopfhörer auf, träumte mit Reinhard Mey von Freiheit und wusste noch nicht mal, wie sie sich anfühlte. Dann war ich mit der Schule fertig, packte meinen Rucksack und flog nach Indien. Statt Freiheit erwartete mich dort jedoch die Konfrontation mit mir selbst. Die Binsenweisheit, dass man vor sich selbst nicht weglaufen kann, habe ich erst begriffen, als ich schon ziemlich weit gelaufen war.

Was ist das also – Freiheit? Heute sage ich: Freiheit ist: Ich stehe morgens auf und habe keinen Grund, mich vor Krieg oder Folter zu fürchten. Ich muss keine Angst davor haben, dass jemand meinen Kindern etwas antun will. Ich sage, was ich denke. Ich mache Fehler und übernehme dafür selbst die Verantwortung. Ich darf beten, wann, wo und mit wem ich will. Ich habe eine Arbeit und darf sie auch ausüben. Mich wird niemand verhaften, weil ich nicht die Meinung unserer Regierung teile. Ich darf meinen Latte Macchiato genießen und mittags auf den Kirchenstufen in der Sonne sitzen. Freiheit ist das höchste Gut, das ich habe. Ich danke Gott dafür. Nahezu jeden Tag.

19.50 Uhr

Endlich wieder zu Hause

So gern ich auch unterwegs bin, so gern komme ich wieder nach Hause. Doch was ist das: zu Hause? Ich merke, dass ich das gar nicht so genau weiß. Es ist für mich jedenfalls nicht ein bestimmter Ort. Zum Beispiel fühle ich mich in Berlin viel mehr zu Hause als in der Stadt, in der ich lebe. Dort, wo ich seit einigen Jahren lebe, steht allerdings mein Bett. Dort gibt es eine Wohnung, die gefüllt ist mit Dingen, die mir wichtig sind. Dort leben die Menschen, die ich mehr liebe als alles andere. Dort kann ich auch mal nackt durch die Wohnung laufen oder bis in die Puppen schlafen. Ich genieße es, zu Hause zu sein. Egal, wo das ist. Der Ort ist für mich in der Tat zweitrangig. Ich bin in meinem Leben 18 Mal umgezogen. Das ist für meine Generation nicht außergewöhnlich. Wir 30- bis 40-Jährigen sind darin geübt, unseren Lebensmittelpunkt dorthin zu verlegen, wo es für eine kurze oder längere Zeit günstig ist. Aber egal, wo auf der Welt oder in Deutschland ich mich über die Jahre hinweg befunden habe: Das Thema Heimat treibt mich um. Seit ich in Indien und auch in der Schweiz gelebt habe, weiß ich: Ich mag Deutschland. Ich liebe die deutsche Sprache und unsere Kultur. Ich schätze die Ehrlichkeit, die Geradlinigkeit. Ja, auch die Pünktlichkeit als Zeichen einer Verlässlichkeit, die den anderen achtet, indem sie ihn nicht warten lässt. Ich brauche den Wechsel der Jahreszeiten. Den schweren, frischen Herbstduft. Das unbeschreibliche Grün der ersten sprießenden Blätter an den braunschwarz-kahlen Ästen. Die tief fliegenden Schwalben an einem lauen Spätsommerabend. Die Stille, wenn der frische Schnee alles Grau und allen Dreck voller Güte bedeckt und die Welt für einen Moment zu einem Zauberwald wird.

All das mag ich an meinem Land. Trotzdem fühle ich mich nicht an einem bestimmten Ort fest verwurzelt, will das auch gar nicht. Meine Heimatphilosophie ist am besten und prägnantesten in diesem kurzen Satz zusammengefasst: *„Wir haben hier keine bleibende Stadt, sondern die zukünftige suchen wir"* (Hebräerbrief Kap. 13 Vers 14). Das trifft mein Lebensgefühl im Kern. Es gibt nichts, was bleibt. Von mir, von meinen Sachen. Ich glaube nicht an die Beständigkeit von Orten. Aber vielleicht kann ich das nur sagen, weil ich nie erleben musste, einen Ort zu verlieren? Kann ich nur deshalb so ortlos glücklich leben, weil ich im Herzen um die Orte weiß, an die ich zurückkehren könnte, wenn ich denn wollte?

Ich denke an die Erzählung von Herrn M., er war damals über 80. Ich habe ihn während meines Vikariats in Hameln bei einem Geburtstagsbesuch kennengelernt. Er wohnte in einem kleinen Siedlungshaus am Stadtrand. Straßenzüge voller 1950er-Jahre-Häuser, mit einfachsten Mitteln aufgebaut. Zur Heimat geworden für die, die von Null anfangen mussten. Die sich im fremden Deutschland ein Zuhause schaffen mussten. Die heimisch wurden. Und blieben. Bis heute. Ihre Kinder und Kindeskinder können sich nichts anderes mehr vorstellen.

20.20 Uhr

Heimat ...

Die Kinder sind im Bett, und ich denke noch weiter über Heimat nach. Über die Geschichte von Herrn M. Schon als er mir die Tür öffnete, ahnte ich, dass hinter seinen jung blitzenden, fast verschmitzten Augen eine Geschichte verborgen lag, die ich gern hören würde. Es ist ja eines dieser Geschenke, die mein Beruf mit sich bringt: Ich klingele an einer beliebigen Haustür, mir wird geöffnet, und in 70 Prozent der Fälle darf ich eintreten. Nur weil ich Pastorin bin. Dieser Vertrauensvorschuss ist für mich immer wieder ein Grund, dankbar zu sein. Wem würde ich schon meine Wohnungstür öffnen, ihn hereinbitten und ihm Kaffee und Schnittchen anbieten?

Bei aller Kritik an der Kirche und der sehr richtigen Erkenntnis, dass es so, wie es jahrhundertelang war, nicht mehr lange weitergehen wird, weitergehen kann, ist dieses mir und meinen Kolleginnen und Kollegen noch immer entgegengebrachte Vertrauen ein wirkliches Geschenk.

Ich durfte also auf seinem Sofa Platz nehmen, er brachte mir eine Tasse Kaffee. Sonst war niemand da. Er feierte seinen Geburtstag allein, seine Kinder wohnten zu weit weg, in München und Bochum. Er zeigte mir stolz sein Haus. Kleines Reihensiedlungshaus, in die Jahre gekommen, aber mit Liebe gestaltet, alles Eigenbau. Nach einer Weile zog er zwei vergilbte Fotos und eine rostige Taschenuhr aus einer Schachtel. Nur diese drei Dinge hat er retten können. Alles andere war damals auf der Flucht über das gefrorene Haff verloren gegangen. Nur seine Mutter und er hatten die dramatische Flucht überlebt. Lange lebten sie bei einer Familie hier in der Stadt, erst unwillkommene Zwangsgäste, später wurden sie Freunde. Er arbeitete hart, schuftete die Nächte durch. Die Arbeit trug Früchte. Er baute sich und seiner Mutter ein eigenes Zuhause. Stein für Stein, mit bloßen Händen. Das Haus ist lange fertig. Hier ist seine Mutter gestorben, hier sind seine Kinder groß geworden. Hier will er begraben werden. Und doch, so erzählte er mir, sind die beiden Fotos und die leicht verrostete Taschenuhr, die schon lange nicht mehr tickt, unendlich kostbar für ihn. Wenn er sie in die Hand nimmt, dann ist er wieder der kleine Junge, und er lässt den elterlichen Hof hinter sich. Es ist 1945. Er läuft an der Hand der Mutter und ahnt in seiner Kinderseele noch nicht, dass es niemals mehr eine Rückkehr geben wird.

„Baut Häuser und wohnt darin; pflanzt Gärten und esst ihre Früchte. Nehmt euch Frauen und zeugt Söhne und Töchter", schrieb der Prophet Jeremia den Vertriebenen, die im 6. Jahrhundert vor Christi Geburt von Israel nach Babylon verschleppt wurden (Jeremia Kap. 29, Verse 5 und 6). Das haben diese dann auch getan. Sie haben sich im fremden Land eingerichtet und hatten dort größtenteils ein gutes Leben. Was blieb, war die Sehnsucht nach ihrer Heimat.

Wir Menschen können das bis heute – uns in fremder Umgebung einrichten, Häuser bauen und Familien gründen. Und doch bleibt da oft eine unbestimmte Sehnsucht nach diesem Ort, an dem wir mit uns selbst im Einklang, an dem wir zu Hause sind.

Heute verraten die Gesichtszüge des alten Herrn nichts mehr von seiner aufwühlenden Geschichte. Einmal war er wieder dort, in dem heute polnischen Dorf, in dem er geboren wurde. Sein Sohn hatte ihm diese Reise geschenkt, sie waren gemeinsam dorthin gefahren. Aber was er dort sah, hatte mit den Erinnerungen des kleinen Jungen nichts mehr zu tun.

Das Wort Heimat hat es in unserem Land lange schwer gehabt, bis heute. Es klingt nach einer überkommenen Weltanschauung, an die wir uns besser nicht wieder erinnern sollten. Aber auch wenn man nicht darüber redet, diese Sehnsucht nach einem Ort, an dem wir mit uns selbst im Einklang sind, nach Heimat, ist trotzdem da. Fast jeder fünfte, der heute in Deutschland lebt, kommt aus einer Familie mit Flüchtlingen oder Vertriebenen. Die Sehnsucht nach Heimat darf niemandem verboten werden. Offen bleibt allerdings, ob es immer einen solchen Ort geben wird, der diese Sehnsucht erfüllt.

Wenn der Herr die Gefangenen Zions erlösen wird,
werden wir sein wie die Träumenden.
Dann wird unser Mund voll Lachens
und unsere Zunge voll Rühmens sein.
Psalm 126 Verse 1 und 2

20.55 Uhr

... Heimat?!

Meine Heimatgedanken schenken mir heute Abend einen anderen Blick auf das, was um mich herum ist. Ich bin dankbar. Ich bin zu Hause. Es ist warm. Es ist gemütlich. Ich darf einfach sein, wie ich bin. Ich kuschele mich aufs Sofa.

Es piept. Das Piepen kommt aus der Küche. Wenn es aus der Küche piept, ist das kein gutes Zeichen. Jedenfalls nicht, wenn man es sich gerade bequem gemacht hat. Unsere Geschirrspülmaschine kennt keine Gnade. Wenn sie ihren Dienst getan hat, soll das beachtet werden. Sie piept jede Minute und das ein paar Stunden lang, wenn nichts dagegen getan wird. Also ist es vorbei mit der Gemütlichkeit, ich stehe auf. Schlurfe in die Küche. Öffne die Maschine. Schaue auf die Abstellfläche über ihr. Es wäre sehr notwendig, sie jetzt gleich auszuräumen, um die Mengen dreckigen Geschirrs noch heute Abend einzuräumen. Denn morgen früh wird das Problem erfahrungsgemäß nicht kleiner, sondern ungleich größer sein. Also los.

Das ist Zu-Hause-Sein. Das Leben am Laufen halten. Heimat? Ich räume die Geschirrspülmaschine aus. Teller, Messer, Gabeln, Gläser, Tassen, kleine Löffel, große Löffel, scharfe Messer, Kochlöffel, Topfdeckel, Rührschüssel, Pfannenwender, Nuckelflaschen, Müslischalen, Brotdosen.

22.30 Uhr

Die Sache mit der Liebe

Eben kommt eine E-Mail von Anzita, meiner indischen Freundin, ein süßes Babyfoto im Anhang, Sushant, ein paar Wochen alt. Vor Jahren besuchte ich sie in Mangalore, einer Stadt am Indischen Ozean. Sie war damals Ende zwanzig und lebte mit ihrer Mutter allein in einer kleinen Wohnung am Stadtrand. Für indische Verhältnisse eine Katastrophe: Kein Vater und wenig Geld im Haus für ein anständiges Brautgeld, zu alt, insgesamt also schlechte Aussichten für eine junge Frau. Für Mutter und Tochter war klar: Niemand wird Anzita mehr wollen. Bei meinem letzten Besuch war beiden die Verzweiflung anzumerken: Ohne Mann ist eine Frau in Indien nur wenig wert, ohne einen Sohn noch viel weniger.

Ein paar Jahre später kam die erste Nachricht: Anzita hat geheiratet. Eine arrangierte Ehe, wie es in Indien noch heute üblich ist. Geliebt hat sie jemand anderen, das hatte sie mir heimlich gebeichtet. Jetzt hat sie dem, den sie nicht liebte und den ihre Mutter für sie ausgesucht hatte, ein Kind geboren – zum Glück einen Sohn! Besser könnte es nicht sein. Ob sich die Liebe zu ihrem Mann mittlerweile eingestellt hat? Das traue ich mich sie nicht zu fragen.

Wenn ich in Indien bin, werde ich ständig auf das Thema Liebe angesprochen. Bekomme ungefragt zu hören, wieso das Modell des Westens, junge Leute selbst entscheiden zu lassen, mit wem sie zusammenleben wollen, nicht funktioniere – die hohen Scheidungsraten sprächen ja für sich. Die Verliebtheit sei nach kurzer Zeit verschwunden, darauf dürfe man nicht bauen. Was könne man sich also mehr wünschen als liebende Eltern, die nur das Beste für ihre Kinder wollen und somit die optimalen Partner für sie auswählen? Lebe man erst einmal zusammen, komme die Liebe schon noch.

Was meinen Sie? Ist es unvernünftig, dem eigenen Gefühl zu vertrauen? Interessant: Die romantischsten Liebesszenen kenne ich aus Bollywood-Filmen. Die unstandesgemäßen Paare treffen sich immer heimlich, sind niemals nackt und küssen sich meist im Regen. Erotik pur. Meist siegt die Liebe über die Entschlüsse der Eltern. Wenigstens im Film.

Anzitas Baby schaut pausbäckig in die Kamera. Ein kleiner Schatz, ganz der Papa. Und das mit der Liebe?

Liebe ist für mich ohne das Risiko zu Scheitern nicht denkbar. Wer liebt, geht aufs Ganze. Wer aufs Ganze geht, kann alles gewinnen oder alles verlieren. Lieben mit Sicherheitsleine geht für mich nicht. Kann das indische Modell also klappen? Liebe aus Vernunftgründen? Ich selbst habe noch keine Antwort auf diese Frage gefunden. Ich merke nur: Es ist mir fremd.

Wenn ich in den Sprachen der Menschen und Engel redete und hätte die Liebe nicht, so wäre ich ein dröhnendes Erz oder eine lärmende Pauke.
Paulus, 1. Brief an die Korinther Kap. 13 Vers 1

Mittwoch

3.10 Uhr

Loslassen können

Im Kloster geben Gebetszeiten den Lebensrhythmus vor. Die festgelegten Essenszeiten kommen noch dazu. Man muss pünktlich sein. Zwischendrin ist nicht viel Raum für eigene Vorhaben. Während meiner ersten Klosteraufenthalte hatte ich anfangs regelmäßig das Gefühl, dadurch eingeengt zu sein. Manchmal allerdings kann es sehr entlastend sein, sich nicht ständig selbst erfinden zu müssen. Im Kloster zum Beispiel kann ich mich in eine Struktur einfügen, die mich trägt. Ich erlebe das immer wieder als ungeheuren Luxus: Mich nicht um den Alltag sorgen, weil für mich gesorgt ist. Meine Wünsche, meine Pläne, meinen Ehrgeiz, meine Selbstbezogenheit loslassen. Ich finde, das ist die schwerste aller geistlichen Übungen. Am Anfang ist es nicht leicht. In den ersten Tagen im Kloster gelingt es mir oft nicht. Ich habe Angst davor, was geschieht, wenn ich mich einfach treiben lasse. Tag für Tag wird es dann besser. Irgendwann fühlt es sich sogar gut an. Aber geht so etwas auch im Alltag?

Ich habe die für mich selbst erstaunliche Entdeckung gemacht, dass es geht! Und zwar absurderweise in Momenten, die ich als alles andere als angenehm empfinde. Heute Morgen, na ja, eigentlich ist es für mich noch Nacht, ist wieder so eine Situation. Meine Tochter ist völlig verschwitzt, hat Fieber, weint. Ich mache ihr eine Flasche mit warmer Milch und suche ein Fieberzäpfchen.

Ich bin so müde. Ans Aufstehen möchte ich lieber nicht denken.

Sie hört gar nicht auf zu schluchzen, und es wird dauern, bis das Fieber wieder runter ist. Ich trage sie durch die dunkle Wohnung, singe Schlaflieder. Wir schauen die Sterne an und den Mond. Das beruhigt sie etwas. Nach einer Stunde liegt ihr Kopf friedlich auf meiner Schulter, sie ist endlich eingeschlafen, die Stirn fühlt sich kühl an. Ich lege mich zu ihr ins Bett. Jetzt braucht sie vor allem eins: das Gefühl, dass jemand bei ihr ist. Sie kuschelt sich in meine Armbeuge, nur manchmal noch jammert sie leise im Schlaf.

Ein krankes Kind bedeutet: Alle Normalität ist außer Kraft gesetzt. Alle Pläne müssen umgeschmissen werden, und mühsam handeln mein Mann und ich aus, wer wann zu Hause bleibt, wessen Termine wichtiger oder weniger wichtig sind. Auch das Zeitempfinden ist komplett auf den Kopf gestellt. Eine Stunde ist nichts, wenn ein Kind weint. Es zählt nicht, dass ich noch dringend arbeiten muss, dass ein paar Telefonate zu erledigen sind. Denn es geht nicht. Es geht NICHTS.

Mittlerweile sehe ich diese Kinderkrankheitszeiten als Auszeiten. Ich überlasse meinen Tag komplett den Bedürfnissen des Kindes. Ich werde ruhig. Manchmal liege ich in diesen durchwachten Nächten da und weiß, wie viel ich noch erledigen müsste. Aber es stresst mich nicht mehr. Ich kann alles aus der Hand geben und in die Hände dessen legen, der für uns sorgt. Loslassen können tut mir gut. Es immer wieder zu tun ist allerdings eine ständige Übung.

4.10 Uhr

Kranksein

Ich habe durch meine Kinder nicht nur das Loslassen neu gelernt, sondern auch, was Kranksein eigentlich bedeutet und was wir Erwachsenen daraus gemacht haben. Für Kinder kann schon eine verstopfte Nase alles ändern. Die Stimmung sinkt gewaltig, und jeder kleine zusätzliche Ärger führt zu enormen Wutausbrüchen. Kleine Kinder können sich nicht zusammenreißen. Sie sind, wie sie sind. Sie fühlen, was sie fühlen. Sie wägen nicht ab, sie tun nicht gesünder als sie sind. Krank ist krank. Wenn der Körper nicht so funktioniert, wie er sollte, wenn er Schmerzen hat, dann ist der ganze kleine Mensch betroffen.

Mich beschäftigt dieses Wort „Zusammenreißen". Es heißt für mich so viel wie: Ich missachte die Bedürfnisse meines Körpers, gebe mich ihnen nicht hin. Ich lasse nicht los, sondern halte mich fest, „reiße mich am Riemen". Das kenne ich von mir selbst nur zu gut. Ich weiß, dass ich bis zu einem gewissen Grad funktionieren kann. Eine Beerdigung geht auch noch mit 39 Grad Fieber. Das ist nicht toll, aber im Notfall machbar. Ich kenne meinen Körper und weiß, bis zu welcher Grenze ich ihn trotz Krankheit beanspruchen kann. Zugleich weiß ich, dass mir das nicht guttut. Manchmal würde ich es gern so machen wie meine Töchter: Wütend durch die Gegend brüllen, weil der blöde Husten nicht weggeht. Gegen die

Tischkante schlagen, die mir grad eine Beule auf der Stirn beschert hat.

Auf die Stimme meines Körpers achten, das ist so ein Spruch aus Gesundheitsmagazinen, der gut und richtig ist. Schwer ist es trotzdem. Wir versuchen ja meist das Gegenteil: Trotz Schmerzen weiter funktionieren, lieber ein paar Pillen einwerfen als zugeben, dass es grad nicht geht.

Ich selbst muss das immer wieder neu lernen. Grenzen akzeptieren, aufhören, mich zusammenzureißen, Pläne über Bord werfen, weil krank einfach mal krank ist.

Wenn es wahr ist, was Paulus gesagt hat – dass mein Körper mir nicht selbst gehört, sondern mir von Gott geschenkt ist – ein Tempel des Heiligen Geistes ... sollte ich dann nicht besser auf ihn achtgeben?

Wisst ihr nicht, dass euer Körper
ein Tempel des Heiligen Geistes ist,
der in euch ist und den ihr von Gott habt,
und dass ihr nicht euch selbst gehört?
Denn ihr seid teuer erkauft;
darum preist Gott mit eurem Körper.
Paulus, 1. Brief an die Korinther Kap. 6 Verse 19 und 20

8.00 Uhr

Frühstücken

Den Vormittag habe ich mir freigenommen, weil meine Tochter immer noch krank ist. Heute Morgen habe ich zur Abwechslung mal richtig Appetit. Obstsalat, ein Ei, ein Brötchen. Wie ist das bei Ihnen – frühstücken Sie gern? Manche können ja ohne einen Bissen nicht aus dem Haus gehen. Bei mir selbst kann ich an meinem Frühstückshunger meine Psychohygiene ablesen. Im Alltag bekomme ich häufig außer einem Kaffee nur ein Toast oder eine Schale Müsli hinunter. Allerdings nicht aus Leidenschaft, sondern aus Vernunftgründen. Wenn ich ohne zu essen aus dem Haus gehe, werde ich schon bald flatterig im Magen. Also muss ich etwas essen, auch wenn mir morgens häufig der Appetit fehlt. Im Urlaub dagegen frühstücke ich leidenschaftlich gern und ausgiebig.

Für mich ist ein gutes Frühstück ein Gradmesser der Lebensqualität. Man sollte aus dem Vollen schöpfen können. Als mein Mann und ich vor einigen Jahren in New York waren, haben wir es sehr geliebt, morgens in sogenannten „Diners" zu essen. Das sind Schnellrestaurants, in denen manche Menschen allerdings auch ziemlich lange sitzen bleiben (dürfen). Ein Frühstück kostet nicht viel, und auch diejenigen können es sich leisten, die die Nacht vielleicht im Freien verbringen mussten. Die Sitzbänke sind bequem, so dass man sich gut von den langen Wegstrecken, die in New York unabdingbar sind, erholen kann. Ich war damals begeistert: Im Diner sitzt ein Banker neben einer Obdachlosen, zwei schick gekleidete Mädchen neben einer afrikanisch aussehenden Großfamilie. Dazwischen wir beiden Touristen, die man auch auf hundert Meter Entfernung als solche erkennen würde.

In unseren deutschen Städten dagegen muss man sich entscheiden. Entweder man kann sich ein Frühstück in einem guten Café leisten oder es bleibt der Selbstbedienungsbäcker. Oder aber man lebt in Berlin, da kann man sich ein gutes Frühstück auch ohne großen Geldbeutel leisten ...

9.00 Uhr

Botschaften für zwischendurch

Eben kommt eine E-Mail von einem Kollegen. Er ist gerade auf der Durchreise und wartet auf dem Bahnhof auf den nächsten Zug. In meiner Stadt gibt es seit vielen Jahren eine schöne Aktion: Lyrik auf großen Bannern an öffentlichen Gebäuden, an Bushaltestellen, an Kirchen. Die Plakate hängen ein halbes Jahr und länger an ihrem Platz. Immer, wenn ich an einem der Gedichte vorbeigehe, lese ich es. Immer wieder erschließt es sich mir neu. An manchen Tagen sprechen die Worte zu mir, an manchen gar nicht. Ich mag die Lyrikbanner auf unseren Straßen sehr, denn es sind Gedichte, die ganz normale Menschen geschrieben haben. Jeder kann mitmachen, mitschreiben. Lyrik im Vorübergehen. Ins Herz gesprochen.

In diesem Jahr gibt es auch von mir zwei Gedichte, sie hängen auf Gleis 3 im Bahnhof. Was mir mein Kollege schreibt: „Sehe Lyrik auf einer Tafel, lese das ganz durch: ‚Durchträumt fliegen die Tage'. Freue mich über die Bilder des Herbstes und Winters und sehe dann erst den Namen der Verfasserin, Dich."

Schön, wenn Worte Verbindungen schaffen. Mitten im Alltag und mitten am Tag.

> *Im Anfang war das Wort,*
> *und das Wort war bei Gott,*
> *und Gott war das Wort.*
> *Johannesevangelium Kap. 1 Vers 1*

10.30 Uhr

Gutes tun?

Es klingelt. Wenn jemand vormittags an unserer privaten Haustür klingelt, ist es entweder die Post oder jemand, der Geld haben will. Ich weiß, dass viele Menschen bei uns in Deutschland in wirklicher Not leben und dass sie auf ein paar Euro Unterstützung manchmal dringend angewiesen sind. Es ärgert mich deshalb maßlos, dass einige immer wieder versuchen, Hilfsbereitschaft zu missbrauchen, um möglichst einfach an Geld zu kommen. Nicht immer geht es nämlich um wirkliche Not, genauso oft sind die, die an den Pfarrhaustüren klingeln, stadtbekannt. Ich kann gar nicht mehr zählen, wie oft ich auf den Trick mit der Fahrkarte reingefallen bin. Es hat sich natürlich rumgesprochen, dass wir nicht so einfach höhere Geldsummen rausrücken. Am liebsten gebe ich Gutscheine für den Discounter um die Ecke. Dort kann man sich dann kaufen, was man braucht – außer Alkohol. Manche geben sich damit aber nicht zufrieden, sie wollen keinen Gutschein, sie wollen Geld. Und zwar für einen bestimmten Zweck, für eine Zugfahrkarte. Ich muss entscheiden, ob ich die Geschichte, die mir erzählt wird, glaube oder nicht. Einige Male habe ich sie geglaubt. Jedes dieser Male wurde mir versichert, dass ich das Geld wiederbekomme. Jedes Mal wurde ich enttäuscht.

Dabei geht es mir nicht um das Geld. Es geht mir um das verschenkte Vertrauen. Heute gebe ich kein Geld mehr. Ich schmiere eine Stulle oder gehe mit der Mutter, die Windeln für ihr Kind braucht, in den Drogeriediscounter und kaufe ihr, was sie benötigt.

Jedenfalls: Es klingelt an der Tür und ich gehe hin, meine jüngere Tochter auf dem Arm, die dringend gewickelt werden muss. Ein Mann ist an der Sprechanlage. „Ist der Pfarrer da?" „Nein, er ist nicht da. Sie haben bei ‚privat' geklingelt, er arbeitet." Meine Tochter zetert. „Wo ist er? Ich muss eine Fahrkarte kaufen." Bei mir geht innerlich die Klappe runter, ich versuche trotzdem, höflich zu bleiben: „Unten an der Tür hängt seine Handynummer, rufen Sie ihn doch an." Das war aber wohl nicht das, was er hören wollte. Er schreit in die Sprechanlage: „Ihr verlogenen Leute von der Kirche. Ihr seid doch alle gleich." Ich hänge den Hörer wieder an seinen Platz. Für heute habe ich genug. Ich bin gerade privat und habe keine Lust, mir den Vormittag vermiesen zu lassen. Trotzdem wird es noch eine Weile in mir rumoren. Vielleicht war es diesmal wirklich ehrlich gemeint. Vielleicht habe ich einen riesigen Fehler gemacht. Vielleicht hätte da einer wirklich meine Hilfe gebraucht.

Vielleicht ...

11.00 Uhr

Markt

Mittwochs ist in unserer Stadt Markt. Ich gehe gern dort einkaufen. Das „entschleunigt", denn es ist kaum möglich, im Eiltempo über den Markt zu rasen und Oliven, Fenchel und frische Blumen zu kaufen. Deshalb nehme ich mir Zeit. Wenigstens eine halbe Stunde. Ich mag unseren Blumenhändler, der immer einen netten Spruch auf den Lippen und eine kleine Tüte Gummibärchen für die Kinder hat – und vor allem die Biostände. Sie sind meist einfacher ausgestattet als die anderen, oft stehen junge Leute in dicken Pullis drin, und man kann spüren, dass sie das wirklich aus Überzeugung machen: auf dem Land leben, auf dem Feld arbeiten, bei Hitze oder Eiseskälte auf irgendwelchen Märkten rumstehen, um ein paar Euro zu verdienen.

Wenn ich unser Obst und Gemüse auf dem Markt

eingekauft habe und nicht im Supermarkt, fühlt sich das stimmig an. Der natürliche Kreislauf scheint hier noch intakt: Ich nehme meine Einkäufe von denen entgegen, die sie mit ziemlicher Sicherheit da, wo sie gewachsen sind, auf den Anhänger geladen und von dort auf unseren Marktplatz gefahren haben. Ich weiß, dass es für viele ein unerschwinglicher Luxus ist, beim Biobauern einzukaufen. Nicht immer kann ich selbst mir das leisten, manchmal aber schon.

Eben habe ich ein sehr leckeres Käsestück beim Biostand probiert. Eigentlich hatte ich gar nicht vor, Käse zu kaufen, aber er sei im Angebot, sagt mir die junge Frau im wahrscheinlich selbstgestrickten grünen Wollmantel. Ich überlege nicht lange und kaufe ihn, für heute Abend zum Wein. Sie schneidet mir ein Stück ab, das gar nicht so groß aussieht. Deshalb erschrecke ich arg über den Preis, fast 10 Euro sind es. Sie sieht meine erstaunten Augen, und ihr scheint es peinlich zu sein. Sie bietet mir an, das Stück noch kleiner zu machen.

Ich nehme das Stück so, wie es ist. Luxus im Alltag. Ich schicke ein kleines Dankgebet gen Himmel, dass ich mir so etwas gönnen kann, und freue mich auf heute Abend. Mit frischen Tulpen, Blaubeerzweigen, Brokkoli, jungen Kartoffeln – diesen unglaublich leckeren kleinen Kartöffelchen, die man nicht schälen muss – und dem Luxus-Käse gehe ich nach Hause.

Noch vor einer Stunde hat jemand 10 Euro von mir gewollt, für eine Zugfahrkarte oder etwas anderes. Jetzt habe ich das Geld unvermutet und ohne lange zu überlegen für ein Stück Käse ausgegeben. Wie wäre es, wenn ich auf den Käse verzichtet und stattdessen jemandem noch einmal Vertrauen geschenkt hätte?

Kann man so rechnen, die Dinge gegeneinander aufwiegen? Ich weiß es nicht. Manchmal erwische ich mich dabei, wie ich so hin und her rechne. Zu einer Lösung komme ich dabei nie. Nur eins ist mir klar: Niemand bleibt davon verschont, schuldig zu werden. Weil wir mit allem, was wir tun oder nicht tun, Entscheidungen treffen. Manchmal sind sie richtig, manchmal falsch, manchmal ist das eine Frage der Perspektive. Nie aber gibt es in meinen Augen die Lösung, die für alle und immer die richtige ist. Abzuwägen, Entscheidungen zu fällen auch auf die Gefahr hin, Fehler zu machen, das gehört zum Leben dazu. Billiger ist Leben nicht zu haben, nicht auf dem Markt und bei den wirklich zentralen Fragen.

11.25 Uhr

Gott auf der Straße

Auf dem Weg nach Hause komme ich wieder an dieser Frau vorbei. Sie kauert manchmal wochenlang vor einem Hauseingang in der Fußgängerzone, den Blick nach unten gerichtet und die Handflächen nach oben. Manche legen ein paar Cent hinein, die meisten gehen an ihr vorbei. Ich gehöre zu denen, die meist vorbeigehen. Zu sehr zweifele ich daran, dass das Geld wirklich für sie selbst bestimmt ist, und befürchte, dass sie es gleich an andere weitergeben muss. Ich fühle mich hilflos. Einmal habe ich versucht, sie anzusprechen. Habe sie gefragt, ob ich ihr etwas bringen kann. Einen Kaffee, ein belegtes Brötchen, eine Decke. Sie hat nicht geantwortet, nicht nach oben geschaut.

Vor einigen Wochen war ich mit anderen einen Tag lang in der Stadt unterwegs. Wir hatten kein Geld dabei, kein Handy und keine Termine. Jeder hat für sich allein und schweigend die Stadt erkundet, in der wir alle leben. Wir haben bekannte und zugleich unbekannte Orte aufgespürt, und irgendwie spürten wir dort Gottes Gegenwart: in der Notaufnahme im Klinikum, auf einem alten Friedhof, an einer Bushaltestelle, mitten in der Geschäftigkeit einer Einkaufspassage. „Stadtexpedition" nenne ich dieses Experiment. Einen Tag lang die Stadt mit neuen Augen sehen und Gott sprechen lassen. Innehalten. Wahrnehmen. Beten.

Ich bleibe einen Moment stehen, sehe die Frau an, wie sie dort auf den kalten Steinen kauert. Was müsste in meinem Leben geschehen, dass ich dort so sitzen würde? Ich weiß nur: Es müsste viel Schlimmes passiert sein. Vieles, von dem ich in meinem behüteten Leben gar keine Ahnung habe.

Ich lege ihr heute eine Münze in die geöffnete Hand. Sie schaut nicht hoch. Ich gehe weiter.

12.40 Uhr

Slow Food

Wenn Markttag ist und ich mir Zeit genommen habe, dort einzukaufen, gibt es mittags „Slow Food". Was das ist? Übersetzt heißt das so viel wie „langsames Essen". Es ist entstanden als Gegenbewegung zum Fastfood. Die Gründer sagen, dass ein Essen dann den Maßstäben von Slow Food entspricht, wenn es „gut, sauber und fair" ist. Konkret heißt das: Regionale Produkte kommen auf den Tisch, keine Fertigsoßen, keine Tiefkühlpizza, kein Hähnchenfilet für 2,59 Euro.

Bei uns gibt es heute die Kartoffeln und den Broccoli vom Markt und Gemüsebratlinge. Selbst gemacht. Alles frisch, alles fair und gar nicht teuer. Sauber hoffentlich auch. Das Wichtigste: Es schmeckt. Nahrung für Leib und Seele.

Alles hat seine Zeit.
Wachsen hat seine Zeit
und Ernten hat seine Zeit.
Kochen hat seine Zeit
und Essen hat seine Zeit.
Frei nach Prediger Salomo (Kohelet), Kapitel 3

15.00 Uhr

Was sind eigentlich Gute Werke

Seit einigen Jahren führe ich keinen Kalender mehr aus Papier, in dem man mit Stiften seine Lebensplanung organisieren kann. Ich habe mich digitalisiert und muss nun den Computer aufklappen oder mein Handy anschalten, um zu sehen, welche Termine mein Mann und ich haben. Aus einem Papierkalender kann man notfalls Termine rausradieren. In meinem Internetkalender drücke ich die Löschtaste. Nur bei einem Termin funktioniert das nicht.

Der Termin ist jeden Mittwoch um 15 Uhr und er heißt: Maxim.

Maxim haben wir kennengelernt, als er drei Jahre alt war. Wir hatten uns bereit erklärt, eine Patenschaft für ein Kind mit psychisch kranken Eltern zu übernehmen. Die Kinder sollen die Möglichkeit haben, zumindest einmal in der Woche aus ihrer Situation rauszukommen und ein anderes Familienleben zu erfahren. Maxim lebte damals mit seinem Vater in einer Hochhaussiedlung am Rand unserer Stadt. Einmal in der Woche holte ich ihn aus dem Kindergarten ab, wir gingen auf den Spielplatz oder bastelten. Abends brachte ich ihn wieder zu seinem Vater, einem kleinen, drahtigen Mann Mitte fünfzig, den ich ob sommers oder winters nur mit Baseballmütze auf dem Kopf gesehen habe.

Maxim war emotional weit zurück und nahm dankbar alles auf und an. Das einzig Auffallende an ihm war sein komplett platter Hinterkopf. Ich möchte mir nicht vorstellen, wie viele Stunden er als Baby einfach nur auf dem Rücken lag, ohne dass sich jemand um ihn gekümmert hat.

Die Situation eskalierte, als Maxims Vater erfuhr, dass mein Mann und ich Pastoren sind. Nun sah er seine große Stunde gekommen und in seinem Sohn quasi schon ein Klavier und Gitarre spielendes Genie. Maxim war auf einmal zwischen zwei Wirklichkeiten gefangen und wusste nicht mehr, was er glauben sollte.

Ich frage mich bis heute, ob wir das Aufeinanderprallen so unterschiedlicher Welten irgendwie hätten auffangen können. Ob es nicht einen anderen Weg gegeben hätte, dem Kind weiterhin für einen Nachmittag in der Woche eine Auszeit von seinem sehr kräftezehrenden Leben zu verschaffen. Bis heute habe ich keine Antwort darauf. Das mit der Nächstenliebe ist wahrhaftig kein einfaches Unterfangen. Zu schnell kann etwas, was eigentlich nur gut gemeint ist, ein System derart ins Wanken bringen, dass gut gemeint nicht wirklich gut ist.

Maxim ist heute sechs und lebt bei einer Pflegefamilie einige hundert Kilometer entfernt von uns. Ich hoffe, dass er noch die Chance auf eine gute Zukunft bekommen hat.

Immer wieder frage ich mich: Was sind eigentlich gute Werke, die nicht nur gut gemeint sind, sondern anderen wirklich weiterhelfen?

16.00 Uhr

Flaschensammler

Ein junger Mann beugt sich über den Mülleimer, greift hinein, holt eine Plastikflasche heraus. Meine Kinder bleiben wie erstarrt stehen, sehen ihm dabei zu, wie er die Flasche sorgfältig in seinem Rucksack verstaut. „Mama, was macht der Mann da?" „Er arbeitet." „Wieso fasst der in den Müll?" „Da sind manchmal Flaschen drin, für die man Geld bekommt." Ich sehe meine Mädchen und mich dort stehen und frage mich: Wie kann sich für uns überhaupt Armut anfühlen, wenn wir niemals in einen Mülleimer fassen mussten? In unserer Stadt werden es immer mehr, die manchmal verschämt und manchmal ganz offen in die Mülleimer greifen und nach Pfandflaschen wühlen. Die Armut kriecht immer mehr aus ihrem Versteck, sie lässt sich nicht mehr unter dem Deckel halten. Die Flaschensammler sind eine Mahnung an uns alle. Wir dürfen diejenigen nicht vergessen, die Tag für Tag für ihr Überleben in unserer Gesellschaft kämpfen.

16.15 Uhr

Spielplatztraum

Nie hätte ich geahnt, welche Bedeutung Spielplätze in einem Leben mit Kindern und ohne Haus mit Garten bekommen könnten. Egal in welchen Städten wir schon gewesen sind, meine Blicke sind darin geschult, die Gegend binnen Sekunden auf Spielmöglichkeiten oder wackelige Schaukeln abzuscannen. Wir haben mittlerweile ein Städte-Ranking entwickelt. Ganz oben stehen momentan Salzburg und Nizza mit wunderbaren Spielplätzen, die auch für erschöpfte Eltern Oasen der Ruhe sind ... allerdings nur, wenn im Sandkasten mehr Kinder spielen als Erwachsene. Seit ich Dauergast auf Spielplätzen bin, verstehe ich, was mit dem Begriff ‚Helikopter-Eltern' gemeint sein könnte. Oft werde ich schräg angeschaut, weil ich meiner jüngeren Tochter seelenruhig dabei zuschaue, wie sie an ihrem Sand-Eis leckt oder meine Ältere auf ihrem Mini-Fahrrad mit einem Affenzahn die Skateboard-Rampe runterdüst, ohne dass ich ständig hinterherrase. Doch damit nicht genug, auch die Transportwege der diversen Schäufelchen, Förmchen, Bagger und Bälle des Goldstücks werden genau beäugt. Damit sie bloß nicht von fremden Kinderhänden entführt werden, ist auf die meisten mit einem dicken Filzstift das Kürzel der kleinen Besitzer geschrieben. Verwechslung der kleinen grünen Schaufel mit einer identischen kleinen grünen Schaufel also ausgeschlossen!

Oft, wenn ich an die Machtkämpfe zwischen Staaten und Regierungen denke, kommen mir diese Sandkastenbilder in den Sinn. Im Kern geht es um ganz Ähnliches: Wer behauptet sich gegen wen, wer hat die effektiveren Werkzeuge, wem gehört was? Einfach gefragt: Wer hat hier die Macht?

Die Machtpolitiker der Sandkastennation sehen natürlich viel friedlicher aus. Nicht wenige wie eine zu groß und zu alt geratene Kopie ihrer Kinder. Sie haben ähnlich bunte Mützen auf dem Kopf und tragen Kleidung, mit denen sich Erwachsene ohne Kinder niemals in der Öffentlichkeit zeigen würden. Im Innern wünschen sie sich vielleicht zurück in dieses Paradies einer glückseligen Kindheit, das meines Wissens jedoch nicht einmal auf dem romantischsten Spielplatz dieser Welt zu finden ist!

Wenn ihr nicht werdet wie die Kinder ...
Matthäusevangelium Kap. 18 Vers 3

17.30 Uhr

Frauen-Knast

Unsere Spaziergänge zum Park führen an einem alten Franziskanerkloster vorbei. Mönche wohnen dort allerdings schon lange nicht mehr. Seit vielen Jahren leben dort Frauen hinter Gittern. Sie sitzen wegen Körperverletzung, Drogenbesitz oder Steuerbetrug. Außen entlang gehen Menschen spazieren, genießen die frische sonnengetränkte Luft so wie wir. Nur ein paar Gitterstäbe trennen die Welten voneinander.

Von innen wirkt das Leben anders. Schon oft habe ich mit den Insassinnen sonntags Gottesdienst gefeiert. Manche kommen nur, weil es danach Kaffee mit Milchpulver gibt – und vor allem: Kekse. Andere kommen, weil man zu Beginn eine Kerze anzünden darf. Die Frauen stellen sich in einer langen Schlange auf, nehmen sich eine Kerze, stecken sie hektisch in den Sand, als dürften sie sich keinen Gefühlsmoment leisten.

Oft denke ich noch an Michelle. Sie bekam ihre Wutausbrüche nicht in den Griff, ihre Kinder kamen zu Pflegeeltern. Alle Pläne auf Null gestellt. Die klaren Grenzen im Gefängnis taten ihr gut. Die kleine Zelle, ihr Bett, ihr Stuhl. Nach ein paar Jahren zwischen Einschlusszeiten, Küchendienst und Hofgängen ist sie zu einer anderen geworden. Sie bewegt sich unsicher, wie auf Eis; als könnte der Boden jeden Moment aufbrechen, und der Schlund würde sich wieder öffnen. Langsam muss sie lernen, wieder in der Normalität zurechtzukommen. Die ersten Freigänge sind Expeditionen in eine Welt, in der sie sich nicht auskennt. In ein paar Wochen kommt sie ganz raus. Ihre Kinder schauen sie an wie eine Fremde. Sie braucht erst Zeit für sich. Eine kleine Wohnung und viel Zeit. Seit der Stunde Null geht nichts mehr von selbst.

Michelle zündete immer als Erste ihre Kerze an. Meist verließ sie den Gottesdienst gleich danach. Sie kam nur für diese Kerze, das andere interessierte sie nicht. „Die brennt für meine Kinder", sagte sie mir. Für die Kinder, die jetzt zu einer anderen Frau Mama sagen.

Ein bisschen hat sie hier drinnen wie eine Nonne gelebt. „Manchmal", sagte sie, „fühle ich mich in meiner Zelle wie in einem Kloster. Ich hab kein eigenes Leben mehr hier drin. Ich weiß, es muss vieles anders werden", sie nickt Richtung Gitterstäbe, „da draußen".

Der Frauenknast, der mal ein Kloster war, ist ein schönes Gebäude. Rosen ranken im Innenhof, ein Bach plätschert unten entlang. Manchmal stehen viele Kinderkarren vor dem Eingang. Besuchszeit. Ich ahne: Am Sonntag danach werden wieder viele Kerzen angezündet werden.

18.25 Uhr

Gerechtigkeit

Eben noch kurz vor Ladenschluss in die Apotheke geflitzt und die Fieberzäpfchenvorräte aufgefüllt. Mein Lieblingsapotheker hatte auch gleich die obligatorischen Traubenzucker für die Kinder parat. Für jedes Kind genau gleich viele und genau in derselben Farbe. Damit es keinen Streit gibt. Dank!

19.30 Uhr

Putzen

Eigentlich könnte unsere Wohnung jeden Abend eine Generalreinigung gebrauchen. Irgendwas ist immer verschmiert, und bei jedem Schritt knirschen Sandkörnchen unter den Füßen.

90 Prozent aller täglichen Tätigkeiten dienen nur dem Zweck, alles irgendwie ordentlich, sauber und am Laufen zu halten. Mindestens. An manchen Tagen sind es bestimmt 99 Prozent. Das nervt mich manchmal mehr und manchmal weniger.

Mein Verhältnis zum Putzen ist von meinem Gemütszustand abhängig. Geht es mir gut, macht es Spaß, es ordnet meine Gedanken, und ich fühle mich danach noch besser. Geht es mir sowieso schon schlecht, sinkt meine Laune mit jeder Minute Staub saugen, weil es mir so sinnlos erscheint – schon morgen werden die ersten Staubflocken wieder die Zimmerecken zieren.

Ich persönlich finde es wunderbar, aus verschiedenen Religionstraditionen schöpfen zu können. Beim Putzen denke ich regelmäßig an buddhistische Mönche, wie sie tagelang ein Mandala in den Sand malen und es nach der Fertigstellung mit einer Handbewegung zerstören.

Welchen Sinn hat schon unser Tun und Machen? Manchmal erscheint mir das immer Gleiche einfach nur sinnlos. Die Schönheit des immer Wiederkehrenden muss ich mir ständig neu erschließen. Wenn ich sie fühlen kann, wird jedes frisch geputzte Fenster zu einer kleinen Offenbarung! Dann ist es mir auch egal, ob im nächsten Moment Regentropfen gegen die Scheibe prasseln. Es ist das tiefe Gefühl: Ich bin in meinem Leben zu Hause und das Leben in mir.

Vor der Erleuchtung: Holz hacken und Wasser tragen.
Nach der Erleuchtung. Holz hacken und Wasser tragen.
Spruch aus dem Zen-Buddhismus

21.45 Uhr

Wütend

Heute war das Putzen so lala. Ehrlich gesagt, so richtig gut hat es mir nicht getan! Es war eher einer der schlechteren Putz- und Aufräumabende. Zu viele Gedanken dabei, die mich aufwühlen. Vor dem Schlafengehen gehe ich lieber noch mal eine Runde ums Eck, frische Luft hat noch nie geschadet. Manchmal muss sie einfach raus, die Wut. Ich laufe dann gern ein Stück und rede mir halblaut von der Seele, was mich so aufregt. Wut runterschlucken, in sich hineinfressen, sich zusammennehmen, das taugt alles nichts. Irgendwo muss sie ja hin. Wenn sie nicht nach draußen kann, wütet sie innen weiter. Und das tut nicht gut. Mir nicht und keinem. Unterdrückte Wut kann in die Depression oder ein Suchtverhalten führen.

Ich bin deshalb heilfroh, dass die Bibel so ein wirklichkeitsnahes Lebensbuch ist, das von ziemlich heftigen Wutausbrüchen erzählt. Am meisten gefällt mir die Geschichte von Jesus, der die Händler aus dem Tempel vertrieben hat, ziemlich handgreiflich sogar. Eine Räuberhöhle hätten sie aus dem Gotteshaus gemacht, sagt er. Er schmeißt ihre Tische um, dass das Geld nur so rumfliegt. Bei so etwas gibt es für ihn keinen moderaten Weg mehr.

Gehört Wut zum Glauben? Ein eindeutiges Ja! Das lateinische Wort für Wut, „furor", heißt auch „Leidenschaft". Wer wütend ist, fühlt noch etwas. Wer aufhört wütend zu sein, hat sich abgefunden. Seine Gefühle sind erkaltet. Im schlimmsten Fall wüten sie nur noch im Innern. Und das kann bekanntlich fatale Folgen haben.

22.10 Uhr

Vergangenes

Immer wenn ich, wie jetzt gerade, ein wenig Zeit habe, am Computer zu arbeiten, fange ich an, im Internet nach Menschen zu suchen. Menschen, mit denen ich seit langer Zeit keinen Kontakt mehr habe, die mir aber aus verschiedenen Gründen – manchmal schönen, manchmal schmerzhaften oder unangenehmen – noch in Erinnerung sind. Ich suche nach Spuren. Ich gebe ihre Namen in Internetsuchmaschinen ein. Das Internet verrät einiges, aber nicht alles. Diese Suche ist deshalb ziemlich sinnlos. Was will ich herausfinden, und was tue ich mit diesen Informationen?

Was suche ich eigentlich? Vielleicht möchte ich einfach spüren, dass sie noch da sind, diese Menschen, die mir einmal wichtig waren. Dass sie da sind – irgendwo, in ihrem Universum, in ihrer eigenen Welt. Auch wenn ich schon lange nicht mehr weiß, was sie bewegt, wer sie heute sind. Sie sind da – so wie ich da bin, und sie wissen ebenso wenig von mir wie ich von ihnen.

Letztens bekam ich eine E-Mail von einer Frau, mit der ich in die Grundschule gegangen bin. Sie würde manchmal an mich denken und hätte dann nach mir gesucht. An ihren Namen erinnerte ich mich erst, als sie mir schrieb. Ein Bild vor Augen habe ich bis heute nicht. Sie hat es wohl ähnlich gemacht wie ich – immer mal nach Menschen gesucht, in ihren Erinnerungen gekramt. Über einen kurzen Kontakt sind wir seitdem nicht hinausgekommen, was hätten wir uns auch zu sagen?

Lässt sich irgendetwas von dem, was vergangen ist, wieder in die Gegenwart holen? Die Antwort ist klar: Der Blick zurück hilft mir nicht für meine Gegenwart. Vielleicht hat Jesus doch nicht so Unrecht mit seinen harten Worten: *„Keiner, der die Hand an den Pflug gelegt hat und nochmals zurückblickt, taugt für das Reich Gottes"* (Lukasevangelium Kap. 9 Vers 62). Der Blick zurück hindert mich oft daran, ganz im Hier und Jetzt zu sein. Das Stochern in dem, was schon lange nicht mehr ist, führt mich nur selten weiter. Ich erfahre nichts, was mein Herz besänftigt. Das Vergangene ist vergangen. Ich spüre: Wenn Neues werden soll, muss ich sie ruhen lassen können, die Vergangenheit, die sowieso nicht zurückzuholen ist.

Donnerstag

7.20 Uhr

Wohlstandsmüll

Frühmorgens, bevor die Stadtreinigung alle Spuren der Nacht beseitigt hat, finden sich noch viele Zeichen einer ganz anderen Seite der Stadt: In unserem Hauseingang liegen Bierdosen, kleine Schnapsfläschchen, Verpackungsmüll vom Imbiss um die Ecke. Ich habe gelernt, darüber hinwegzusehen. Es stört mich trotzdem. Mich ärgert die Mentalität, alles stehen und liegen zu lassen, sich nicht darum zu kümmern, was mit dem eigenen Abfall geschieht.

Letztlich ist dieses Verhalten doch nur ein kleiner Ausschnitt dessen, was weltweit geschieht. Erst einmal geht es um mich selbst, dann kommen – vielleicht – die anderen. Ich will mich da nicht ausnehmen: Wenn mir etwas im Geschäft gefällt, kaufe ich es. Nur selten frage ich nach, wie denn der Pullover oder die Hose hergestellt worden ist, ob man mir etwas zu den Produktionsbedingungen sagen kann. Ja, ich mache mit. Ich überlege nicht lange, kaufe ein, werfe weg, kaufe neu. Was mit den Dingen geschieht? Oft genug ist es mir herzlich egal.

Also stelle ich fest: Ich bin nicht wirklich besser! Zwar werfe ich meine leere Pizzapackung nicht auf die Straße, aber auch ich kümmere mich meist nicht um die Folgen meines Wohlstandslebens.

Immer wieder frage ich mich, wie wir dieses Problem anpacken können: Alles, was sich nicht unmittelbar auf mein Leben auswirkt, hat scheinbar keine Relevanz. Also ist es ziemlich leicht, einfach weiterzumachen wie bisher. Wie kann man mehr Bewusstsein dafür entwickeln, dass alles, was wir tun oder auch nicht tun, Auswirkungen auf andere hat?

Letztens habe ich ein Video eines schwedischen Fernsehsenders gesehen. Der Sender hatte drei junge Modeblogger, Frida, Anniken und Ludvig, nach Kambodscha geschickt, damit sie dort für einige Zeit in einer Kleiderfabrik arbeiteten, in der genau die Kleidung hergestellt wird, für die junge Frauen bei uns in Europa werben. Was sie dort erlebt haben, hat die drei schockiert. Das Video zeigte die jungen Menschen in Tränen aufgelöst, vollkommen am Ende. Sie sagten, es sei für sie unvorstellbar, wie man auf Dauer so leben könne wie die Textilarbeiterinnen in den Fabriken.

Ich bin mir sicher, dass diese drei jungen Menschen eine wichtige Lektion gelernt haben und dass sie nie mehr achtlos alles kaufen, was sie in den Modegeschäften finden. Klar, wir können nicht alle nach Kambodscha fliegen und eine solche Erfahrung selbst machen.

Immer wieder, wenn ich mich über unsere vermüllten Straßen und Gehwege ärgere, möchte ich deshalb weiterdenken. An meinen eigenen Müll, der vielleicht nicht ganz so offensichtlich rumliegt wie die Bierflaschen. An meine eigene Ignoranz, wenn es um mein Wohlstandsleben geht. Kambodscha ist schließlich weit weg, und ist der Pulli einmal gekauft, kann ich den Gedanken an die, die ihn vielleicht unter unwürdigen Bedingungen zusammengenäht haben, verdrängen. Während ich dies hier schreibe, merke ich, dass ich mich in meinem Kapuzen-shirt, das ich gerade anhabe, irgendwie mulmig fühle. Es ist schön, ich fühle mich darin wohl. Wer es aber vor mir schon in den Händen gehabt hat? Ich weiß es nicht, und ich habe bislang nicht danach gefragt. Dafür schäme ich mich. Das möchte ich ändern, an mir selbst. Die Konsequenzen für mein Handeln übernehmen: Müll fachgerecht entsorgen und nicht auf Kosten anderer leben. Das wäre schon ziemlich viel.

Fürs Erste nehme ich mir vor, mutiger zu sein. Im Laden nachzufragen, woher etwas kommt. Wie es gemacht ist. Klar, das ist erst einmal nur ein kleiner Schritt. Anders aber können Veränderungen nicht beginnen, so unscheinbar das klingt.

9.00 Uhr

Schweigen

Eben habe ich die Werbung für meine nächste Stadtexpedition, einen Schweigetag in der Stadt, verschickt. Eine Bekannte antwortete mir postwendend: „Schöne Idee, aber einen Tag Schweigen, das halte ich nicht aus."

Viele, die sich zum ersten Mal auf einen Tag oder gleich eine ganze Woche Schweigen einlassen, haben Angst davor. Wie wird es werden? Wie kann man miteinander kommunizieren, ganz ohne Sprache? Klar. Wir sind Sprachwesen, ohne Worte scheint ein gesellschaftliches

Miteinander kaum denkbar. Dennoch: Ich habe es nur sehr selten erlebt, dass Menschen das Schweigen als unerträglich empfunden haben. Schweigen bedeutet ja nicht, dass auf einmal alles still in mir wird und ich in einer abgrundtiefen Einsamkeit versinke. Im Gegenteil! Wenn ich aufhöre zu reden, höre ich auf einmal, wie laut es in mir drin ist. Nur wer still wird, kann wirklich hören. Auf die Welt, auf Gott, auf sich selbst.

Nicht ohne Grund zieht sich Mose immer wieder in die Stille zurück, sucht Jesus zwischen seinen Heilungen, Begegnungen, Streitgesprächen die Einsamkeit. Solche Zeiten sind wertvoll. Sie trennen Wesentliches von Unwesentlichem. Geplänkel von wirklich gehaltvollen Worten.

Gottes Wort können wir nur dann hören, wenn wir uns selbst weniger wichtig, wenn wir uns zurücknehmen. Das Schweigen ist der deutlichste Ausdruck dafür.

Wir müssen darauf bedacht sein,
einen Platz der Stille auf dem
„Marktplatz unseres Alltags" zu bewahren,
einen Ort, an dem Gott wohnen
und zu uns sprechen kann.
Henri Nouwen

12.25 Uhr

Notenkrieg im Klassenzimmer

Heute habe ich mit Achtklässlern die mündlichen Noten besprochen. Noten sind in meinen Augen selten „gerecht" – vor allem nicht in einem Fach wie Religion. Aber Schule ist nun mal ein Leistungssystem. Ein Zeichen dafür, wie erfolgreich man darin ist, ist die Note auf dem Zeugnis. Nicht mehr, nicht weniger. Ich muss zugeben, dass es mir schwerfällt, in diesem System mitzumachen. Dabei ist das System Schule ja sehr realistisch, es bildet im Kleinen unsere Gesellschaft ab. Die Kinder lernen schon früh, was „zählt". Leistung, Noten, Erfolg.

Oft genug leiden die Kinder unter dem Druck, möglichst gute Noten zu Hause abzuliefern. Ein Junge sagte mir einmal: „Wenn ich mal einen blöden Tag habe oder etwas zu Hause nicht gut läuft, dann ist eben die Note auch mal schlechter. Auch wenn meine Eltern damit nicht zufrieden sind, bin ich doch deswegen kein schlechterer Mensch! Die Note sagt nichts darüber aus, was ich als Mensch wert bin." Seine Gedanken fand ich wunderbar. Genauso ist es nämlich! Trotzdem schafft es kaum jemand, sich wirklich von dem System frei zu machen. Ich übrigens auch nicht.

Immer wieder freue ich mich deshalb ganz besonders, wenn vor allem die leistungsschwächeren Schüler eine

Note bekommen, die sie nicht erwartet haben. Manchmal ist regelrecht zu spüren, dass das die ganze Klassengemeinschaft durcheinanderbringt: Was, *der* kriegt eine Eins? Heute war es Milan. Er ist als der Klassenclown verschrien, sitzt als Einziger allein und hat Mühe, seine langen Beine unter den für ihn viel zu kleinen Tisch zu zwängen. Er sagt nicht das, was ich hören will. Er sagt das, was er denkt. Offen und geradeheraus. Manchmal lachen dann die anderen über ihn, weil sie schon gelernt haben, dass man nicht immer ehrlich sein sollte. Ich aber schätze das an Milan. Vielleicht hat er in Mathe, Physik und Latein schlechte Noten. Aber er hat eine eigene Meinung. Er kann Stellung beziehen. Ich glaube, dass man damit im Leben schon was anfangen kann. Also gibt es für ihn in Religion eine Eins.

12.35 Uhr

Luxus: Religionsunterricht

Nicht nur Ja und Amen zu dem sagen, was vorn erzählt wird. Das gefällt mir, auch wenn es dadurch im Unterricht oft ziemlich hart zur Sache geht, was Kirche und Glaube angeht. Die Jugendlichen leben ja nicht auf dem Mond! Viele gehen in den Konfirmanden- oder Firmunterricht und haben ein ziemlich gutes Gespür dafür, wie es um die Kirche steht: Gottesdienste, in denen sie sich nicht beheimatet fühlen; in ihren Augen weltfremde, langwei-

lige Predigten, die nichts mit ihrem Leben zu tun haben
– davon höre ich in der Schule häufig.

Ich glaube, für solche Kritik und Zweifel muss es
Raum geben – gerade, wenn es um etwas so Sensibles wie
religiöse Fragen geht. Ich habe die Erfahrung gemacht,
dass Glaube erst dann attraktiv wird, wenn wir selbst
mitdenken dürfen. Das Fach Religion in der Schule zu
unterrichten heißt für mich deshalb vor allem: Fragen
stellen. Verschiedene Antworten zulassen. Und nicht:
fertige Antworten geben und im schlimmsten Fall aus-
wendig lernen lassen.

13.00 Uhr

Wenn ein Engel käme ...

Ganz dringend brauche ich ein wenig Schlaf. Müde, müde,
müde. Wie gern würde ich mich jetzt verkriechen, wie
Elija. Er war tagelang gerannt. Er hatte Angst. Todesangst.
Seine Müdigkeit ist so schwer, er kann nicht weiter. Seine
Füße tragen ihn nirgendwo mehr hin. Gott schenkt ihm
einen Ort zum Ausruhen. Einen Busch. Schatten. Schutz.

Angst habe ich grad nicht. Aber so einen Ort wünsche ich mir manchmal. Mitten am Tag. Wenn ich mich
einfach nur danach sehne, zu schlafen, neue Kraft zu
schöpfen.

Elija ist so müde, dass er den Engel gar nicht bemerkt.
Der Engel bringt Brot und Wasser. Elija isst und trinkt und

schläft sofort wieder ein. Die Pause reichte noch nicht. Vielleicht kennen Sie das auch? Sie sind so müde, dass sich die Augen einfach nicht öffnen wollen. Jede Pore des Körpers sehnt sich nach mehr Schlaf. Es ist noch nicht genug.

Gott weiß, wie müde wir manchmal sind. Er schenkt uns die Zeit, die wir brauchen, um uns zu erholen. Der Engel kommt wieder. Bringt noch mal Brot und Wasser. Elija öffnet die Augen, isst und trinkt. Seine Kräfte sind zurück. Es ist Zeit. Es geht weiter. Die Zukunft ist offen.

Dann und wann ein Engel vor meiner Erschöpfungshöhle und ein Krug mit Wasser, ein Kanten Brot. Das täte gut.

14.05 Uhr

Kaffee

„Gehen wir einen Kaffee trinken?", fragt mich eine Kollegin. Ich mag diesen Satz. Er bedeutet so viel wie: Nehmen wir uns Zeit füreinander? In meinem Lieblingscafé gibt es viele verschiedene Kaffeesorten mit schönen Namen. Sie heißen „brazil cerrado yelllow bourbon" oder „ethiopia yirgacheffe". Kaffee ist hier mehr als ein Koffeinschub. Kaffee ist Kultur, Genuss, eine Tasse voller Lebensqualität.

Wir trinken eine Tasse, Sorte Peru, in der Stempelkanne. Vier Minuten Wartezeit, bis der Kaffee fertig ist. Wir reden. Schweigen. Lachen. Verabschieden uns. Jede geht zurück in ihre Welt.

14.30 Uhr

Kirchen

Ich schaue leidenschaftlich gern aus dem Fenster. Wir wohnen im zweiten Stock und haben einen wunderbaren Blick auf unseren Kirchplatz. Ich finde es spannend, den Menschen zuzusehen, die dort ihrer Wege gehen. Manche zielstrebig, manche schauen nur auf ihr Handy, andere flanieren herum, gehen mal dahin, mal dorthin und setzen sich dann auf eine Bank. Einige holen verstohlen ein kleines Fläschchen aus ihrer Tasche und genehmigen sich einen Schluck. Andere haben nur Augen für ihren Hund oder den Inhalt ihrer Einkaufstüten. Viele Liebespaare suchen ein wenig Schutz auf den Kirchentreppen, besonders bei Regen. Ich würde gern wissen, welche Liebesschwüre diese jahrhundertealten Mauern schon gehört haben. Wie viele Tränen in die von den Jahren gezeichneten Steine hineingeflossen sind.

Es tut mir gut, dass die Kirche da einfach nur steht. Egal, was passiert. Sie ist da. Sie ruht in sich selbst. Sie lässt sich durch nichts kaputtmachen. Sie braucht keine Werbekampagnen oder neuen Konzepte. Sie legitimiert sich durch ihr bloßes Dasein und wird als solche, soweit ich das beobachten kann, von niemandem infrage gestellt. Menschen gehen mit Einkaufstüten und Aktentaschen in sie hinein und nach ein paar Minuten wieder hinaus. Den ganzen Tag über brennen in ihr Gebetskerzen, manchmal sind es mehr, manchmal weniger.

Je nachdem. Wenn wieder ein Unglück geschehen ist, werden es wieder mehr sein. Wenn alles normal vor sich hinplätschert, weniger. Hier geht es nicht um Quantität.

Kirchen sind für mich die einzigen zweckfreien Gebäude in unseren Städten und Dörfern. Sinnfrei allerdings sind sie niemals.

Immer und überall möchte ich fragen: Wo ist der Wohnort Gottes bei uns Menschen?

14.50 Uhr

Spruch für den Alltag

Eine Begegnung geht mir nicht aus dem Sinn. Neulich im Wartezimmer traf ich einen Mann, der vor Jahren öfter in meinen Gottesdiensten war. Er sagte: „Diese Predigt zum Beispiel, in der Sie übers Fensterputzen gesprochen haben. Das war so lebensnah. Das habe ich nicht vergessen, bis heute." Wieso erinnert sich jemand über so viele Jahre an diese paar Minuten Predigt? Ihr Text ist sieben Jahre alt, ich hatte sie damals in der Hildesheimer Michaelis-Kirche gehalten. Thema war das jüdische Glaubensbekenntnis, das sogenannte *Sch'ma Jisrael* – ein echter Herzenstext. *„Höre Israel, der Herr ist unser Gott, der Herr allein. Und du sollst den Herrn, deinen Gott lieb haben von ganzem Herzen, von ganzer Seele und mit all deiner Kraft"* (5. Buch Mose Kap. 6 Verse 4 und 5). Der Wortlaut steht in den kleinen Kapseln an den Gebetsriemen, die sich fromme Juden zum Gebet umbinden – in Herznähe, um den Arm und auf die Stirn. Es steht auch in der etwas größeren, länglichen Kapsel (Mesusa), die an den Türpfosten jüdischer Wohnungstüren hängt, und die die Bewohner jedes Mal berühren, wenn sie durch die Tür gehen. Diese Worte sind so wichtig, dass sie immer – an allen zentralen Stellen des Lebens – präsent sein, zu Herzen genommen werden sollen. Schon den Kindern sollen sie eingeschärft werden. Davon soll geredet werden, wenn man zu Hause ist oder unterwegs, schläft oder aufsteht. Anders gesagt: Die ganze Banalität unseres Alltags soll davon getränkt sein. *„Du sollst den Herrn, deinen Gott, lieb haben von ganzem Herzen, von ganzer Seele und mit all deiner Kraft."* Eigentlich ein schönes Zeichen. Wie wäre es, wenn wir an jedem Tag einen kleinen Zettel mit uns tragen – zur Arbeit, zur Schule, zu Freunden, zum Arzt –, der uns an Gott erinnert?

> *Diese Worte, die ich dir heute gebiete,*
> *sollst du zu Herzen nehmen*
> *und sollst sie deinen Kindern einschärfen*
> *und davon reden, wenn du in deinem*
> *Hause sitzt oder unterwegs bist,*
> *wenn du dich niederlegst oder aufstehst.*
> *5. Buch Mose Kap. 6 Verse 6 und 7*

15.00 Uhr

Fenster putzen

Welches die beste Fensterputzmethode ist, habe ich noch immer nicht herausgefunden. Ich habe es mit Zeitungspapier versucht, dann mit Essigreiniger. Auch mit schwarzem Tee. Aber Streifen sind wohl nicht zu vermeiden, wahrscheinlich bin ich zu ungeduldig. Spätestens die Abendsonne wird mir zeigen, an welchen Stellen ich nicht genau war.

Putzen ist oft eine Überwindung, weil ich immer etwas scheinbar Wichtigeres finde, das stattdessen zu tun wäre. Putzen wirft mich auf das zurück, was Leben ist: Wiederholung. Sorge um das Funktionieren des Alltags. *„Du sollst den Herrn, deinen Gott, lieb haben von ganzem Herzen, von ganzer Seele und mit all deiner Kraft"* (5. Buch Mose Kap. 6).

Kann ich das – Gott so lieben? Ist die Liebe für ihn in mein Herz eingeschrieben, so dass ich immer daran denke? Was steht überhaupt auf meinem Herzen geschrieben? Und wann habe ich mich das letzte Mal daran gemacht, mein Herz so streifenfrei reinzuwischen wie jetzt die Fensterscheiben? Ich wienere kräftiger, so dass mein Handgelenk schmerzt. Will die trübe Wand klarwischen, die ich zwischen Gott und mir spüre. Eine Alltagsentfremdung, die ich oft vergesse.

Aber: Vor Gott gibt es keine Banalitäten. Ein mit Liebe gekochtes Mittagessen ist vor seinen Augen mehr wert als ein lieblos gestalteter Gottesdienst. Gott liebt das Leben. Liebt mich. Mit meinem unfertigen Lebensentwurf, den schmutzigen Fenstern in meiner Wohnung und in meinem Herzen. Die höchste Liebe ist nichts wert, wenn sie nicht geerdet ist.

15.20 Uhr

Besitz

Meine jüngere Tochter hält noch ihren Mittagsschlaf. Zeit, ein bisschen aufzuräumen, Spielzeug in die entsprechenden Kisten zu packen, Krümel aufzufegen und Sachen an ihren richtigen Platz zu stellen.

Fest steht: Wir haben zu viele Sachen. Immer steht irgendwo etwas herum. Dabei träume ich eigentlich davon, möglichst wenig zu besitzen. Auf das meiste könnte ich auch schnell verzichten. Ich hebe es allein aus Vernunftgründen auf, es könnte ja sein, dass ich es doch noch mal brauchen könnte. Irgendwann. Oder jemand anders könnte es brauchen. Vielleicht auch nicht. Das ist dann irgendwann auch egal, und es kommt ohne Trennungsschmerz in den Container. Manche Dinge müssen vorher aber erst ein paar Jahrzehnte irgendwo überdauern, bis dieser Akt ohne große Emotionen vollzogen werden kann. Die meisten Sachen sind für mich Ballast. Ich reise lieber mit leichtem Gepäck (und nehme trotzdem regelmäßig viel zu viel mit).

Die Israeliten waren 40 Jahre lang in der Wüste unterwegs. Alles, was sie hatten, transportierten sie selbst. Viel kann das nicht gewesen sein, außer den Zelten, Decken, Kochtöpfen, Kleidung. Genug Schmuck müssen sie jedoch auch dabei gehabt haben. Sonst hätte es nicht für das „Goldene Kalb" gereicht. Die Verzweiflung muss ziemlich groß gewesen sein, wenn sie schon das Kostbarste zusammengeschmolzen haben, was sie hatten. Nur, weil ihnen ihr Gott verloren gegangen war, und sie nicht wussten, wie es für sie weitergehen soll. Die bittere Lektion, die sie lernen mussten: Gott kann man sich nicht selber bauen. Egal, wie viel man dafür an Sachwerten investiert.

Gott kann man sich nicht erkaufen. Trotzdem sind Sachen nicht egal.

Einmal bin ich in Indien in eine Art christlichen Ashram gegangen. Eine Woche Rekreation, davon hatten mir Freunde vorgeschwärmt. Danach würde ich mich wie neugeboren fühlen. Ich hatte nicht geahnt, was auf mich zukommen würde. Als einzige Europäerin, als einzige Frau mit heller Hautfarbe. Ich war damals neunzehn. Mit mir waren in dieser Woche Tausende andere Christinnen und Christen aus ganz Indien angereist. Wir schliefen in riesigen Schlafsälen, bis zu fünfzig Doppelstockbetten nebeneinander. Dann gab es die sogenannten Sessions. Eine Art Gottesdienst, extrem laut, extrem penetrant. Es war viel von Sünde die Rede und davon, dass Jesus für mich gestorben ist, um mich aus meinem schuldhaften Leben zu befreien. Am dritten Tag wurden wir aufgefordert, unseren Schmuck abzulegen und vor allen anderen nach vorn zum Altarraum zu bringen. Wir sollten damit

beweisen, dass wir auf äußere Dinge keinen Wert mehr
legen, dass wir Gott die absolute Priorität in unserem
Leben einräumen.

Ich hatte damals keinen kostbaren Schmuck, nichts
von wirklichem Wert. Trotzdem war für mich eine Grenze
erreicht. Hier ging es für mich nicht weiter. Ich verließ
die Veranstaltung, ging zu meinem Doppelstockbett und
packte meinen Rucksack. Ich benötigte die Bescheinigung
eines Geistlichen, um vor Ende der Woche abreisen zu
dürfen. Die Bescheinigung habe ich bekommen. Auf dem
Weg zum Ausgang verfolgten mich viele mit abschätzigen
Blicken. Ich las darin: Das Mädchen nimmt sich selbst zu
wichtig, sie ist eine Sünderin. Gegangen bin ich wie ein
geprügelter Hund. Es hat eine Weile gedauert, bis ich wieder in mir selbst zu Hause sein konnte. Ich habe gelernt:
Sachen sind nicht egal. So wertlos sie auch sind.

Sachen sind nicht die Basis meiner Existenz, aber sie
sind auch nicht egal. Ich hänge nicht an Dingen, für die
ich viel Geld bekommen würde. Auch heute habe ich
noch keinen Schmuck, der wirklich von Wert ist. Bislang
hatte ich dazu noch nicht das Verlangen. Aus Zwang etwas
abgeben, nur um zu beweisen, dass ich nicht an Dingen
hänge, das finde ich dennoch verquer. Sachen sind nie
nur tote Gegenstände. Sie leben mit mir. Sie prägen mich,
ich präge sie.

Jesus hat alles verlassen. Sein Herz hing an nichts,
außer an Gott. Immer wieder frage ich mich: Ist es für uns
Menschen überhaupt möglich, so zu leben? Ich frage mich:
Was brauchen wir wirklich zum Leben? Welche Dinge sind
wichtig, und worauf könnten wir auch verzichten?

16.35 Uhr

An der Kasse

Vor mir an der Kasse steht Frau F. Ich kenne Frau F. schon seit einigen Jahren. Außer, dass sie allein lebt und manchmal sonntags zur Kirche geht, weiß ich allerdings kaum etwas über sie. Sie geht gebeugt, zieht einen Einkaufstrolley hinter sich her. Sie kauft Margarine, abgepacktes Brot, Gurken, Käse, Wurst, zwei Riegel Kinderschokolade, zwei Fläschchen Piccolo. Sie braucht lange, um ihr Portemonnaie aus der Manteltasche zu ziehen, es zu öffnen. Langsam sucht sie die passenden Münzen heraus. Ich werde ungeduldig, ich warte nicht gern. Hinter mir wird einer laut: „Nun machen Se mal hin, hab nicht ewig Zeit." Frau F. kann nicht schneller. Sie packt ihre Sachen in den Trolley, Stück für Stück. Ich habe meine paar Einkäufe schon längst im Rucksack verstaut und stehe, zugegeben ziemlich ungeduldig, hinter ihr, bis ich endlich vorbeikomme. Sie dreht sich zu mir um. Gibt mir die beiden Riegel Kinderschokolade. „Für Ihre Mädchen", sagt sie.

Du sollst deinen Nächsten lieben. Wie dich selbst.
3. Buch Mose (Levitikus) Kap. 19 Vers 18

17.00 Uhr

Nichts für Kinder?

Kinderlesestunde. Das angesagteste Buch ist bei uns zurzeit ein Band mit Bildern der Malerin Frida Kahlo. Beim Spielen wurde es aus dem Regal gezogen, und seitdem liegt es im Kinderlesezelt. Farbenfroh und exakt gemalt, wie ihre Bilder sind, stehen sie den besten Bilderbüchern in nichts nach. Was sie zeigen, kann man jedoch nur schwer als kindertauglich bezeichnen. Frida Kahlo erlitt als junge Frau einen schweren Unfall, der sie für den Rest ihres Lebens zeichnete. Sie fand ihre große Liebe, wurde oft genug enttäuscht und kam dennoch von ihr nicht los. Sie liebte, litt, malte. Davon leben ihre Bilder, die neben einer tiefen Lebensfreude die abgründigen Seiten eines von Schmerz bestimmten Lebens zeigen. Die Kinder spüren, dass es einen Schmerz gibt, der umfassender ist als ein aufgeschürftes Knie. Vielleicht ist das Buch gerade deswegen der Renner, und die beiden Kleinen können sich nicht an den Bildern sattsehen und an den Geschichten satthören: Wie kann in Fridas Brust ein Loch sein und ihr Herz liegt neben ihr auf dem Boden? Wieso malt sie sich ihren Mann Diego auf die Stirn? Wieso hatte sie Schmerzen und liegt in einem Bett, das von Dornen umrankt wird?

Die Größere erklärt der Kleineren das Leben von Frida Kahlo. Sie sitzen ganz ruhig nebeneinander, drücken mit ihren Fingerchen auf die Bilder, sind vollkommen in ihrer eigenen Welt: „Die Frida hatte ganz ganz dolle Aua, guck mal, sie weint." „Sie hat ihren Diego so lieb gehabt, dass sie ihn sich auf die Stirn gemalt hat." „Hier ist Frida so traurig, dass sie sich wünscht, dass sie schon tot ist." „Das war ihr Affe, der saß immer auf ihrer Schulter. Lustig, oder?"

Die Komplexität des Lebens – nichts für Kinder?

Wir haben eine kleine Bilderbuchbibel. Von der Schöpfung über den Turmbau zu Babel und diversen Jesusgeschichten ist alles dabei. Nur eine Sache fehlt: Jesus am Kreuz auf dem Berg Golgatha. Es geht stattdessen nach dem Einzug in Jerusalem gleich mit Ostern weiter. Der Tod: Kein Thema für eine Kinderbibel? Ich frage mich: Wer glaubt das eigentlich ernsthaft? Und sind es wirklich die Kinder, die mit der Realität von Tod und Schmerzen ein Problem haben?

17.30 Uhr

Papierkram

Auf meinem Schreibtisch sammeln sich regelmäßig ungeordnete Stapel von Abrechnungen, Bescheinigungen und sonstigen Schriftstücken, die ich zwar aus dem Briefumschlag hole, aber danach schnell beiseitelege. Es wäre keine große Sache, die Papierflut gleich zu bändigen, die Zettel einzuordnen und abzuheften. Ich weiß, dass das sinnvoll wäre. Zugleich weigere ich mich, einzusehen, dass ein halbwegs geordnetes Leben in unserem Land

nur möglich ist, wenn man in der Lage ist, seine Papiere
in Ordnung zu halten.

Mir kommt Herr W. in den Sinn. Er ist seit vielen
Jahren krank. Er war Architekt und ist irgendwann an der
Dauerbelastung im Beruf kaputtgegangen. Heute bezeich-
net er sich selbst als psychisch krank, bezieht Arbeits-
losengeld, lebt von der Hand in den Mund. Die Anträge
auf Unterstützung kann er kaum mehr allein ausfüllen.
Es fehlt ihm die Kraft. Er hat schon zu viele Stunden auf
Ämtern verbracht, Wartemarken gezogen, Rückschläge
in Kauf genommen. Er kam zu mir, weil er wieder kreativ
werden, malen wollte. Aber Farben sind teuer. Luxus. Sie
gehören nicht zum Grundbedarf. Ich habe ihm helfen
können. Nur ein Tropfen auf den heißen Stein, aber
zumindest für den hat es gereicht. Nun hat er eine kleine
Ausstellung in einem Café. Verkauft hat er bislang noch
keines seiner Bilder, aber darauf kommt es ihm nicht an.
Er hat wieder etwas gewagt.

Meine Papierstapel auf dem Schreibtisch zeigen mir,
wie schnell es gehen kann unterzugehen, wenn man für
einige Zeit keine Energie hat, alles „richtig" zu machen.
Zum Glück habe ich einen Mann, der meine Papierstapel
unter seine Fittiche nimmt. Zum Glück war ich noch nie
in der Situation, Anträge stellen zu müssen, um die Miete
für die Wohnung und Geld für Essen und Versicherungen
bezahlen zu können. So schnell kann alles anders werden.

18.00 Uhr

Das Paradies?

An unserem Kühlschrank kleben an die hundert Magnete. Buchstaben, Wörter, einige Bilder. Der schönste Magnet zeigt ein Motiv aus der nahezu tausendjährigen Bilderdecke der Hildesheimer Michaeliskirche. Adam und Eva, die sich einander den Apfel reichen. Darüber steht ein Spruch: *An apple a day keeps the doctor away* (Ein Apfel am Tag hält dir den Doktor vom Hals).

Damals, als wir diesen Magneten entworfen haben, haben sich einige Leute darüber beschwert, wie man diese ehrwürdige Szene aus der Bilderdecke denn so lächerlich machen könne. Dennoch war der Magnet ein Renner, schnell war er ausverkauft. Viele haben gemerkt: Das ist nicht nur lustig, das ist auch noch ziemlich klug!

Denn dahinter steckt ein wahrer Kern: Der Apfel ist ein Symbol für Verführung. Für Lust. Er ist aber noch mehr: Der Apfel steht für unser unstillbares Verlangen nach Erkenntnis. Wir wollen mehr wissen, mehr glauben. Zwischen Gut und Böse unterscheiden – das war es Adam und Eva wert. Sie übertraten Gottes Verbot, gewannen die Fähigkeit, zu unterscheiden – und verloren das sorgenfreie Leben im behüteten Garten Eden.

Hätten Adam und Eva nicht von dem Apfel gegessen, wäre unsere Welt eine andere. Vielleicht würden wir noch im Paradies leben, umgeben von weidenden Löwen und friedfertigen Schlangen. Ohne Mord und Totschlag, Neid,

Hass, abgrundtiefe Einsamkeit. Die ersten Menschen haben sich allerdings anders entschieden. Und Gott hat ihnen die Möglichkeit dazu gegeben. Er hat uns Menschen die Freiheit geschenkt, dass wir uns entscheiden können. Für das Gute oder für das Böse. Dass es das Böse in uns gibt und wir uns nicht immer dagegen entscheiden, ist der Preis unserer Freiheit.

Der Apfel hat unser Leben mühsamer gemacht. Ich möchte aber ihn und damit unsere Unterscheidungsfähigkeit zwischen Gut und Böse nicht missen. Besser mal was komplett gegen die Wand fahren als ewig naiv im Paradiesgarten zu spazieren.

Selbst Verantwortung übernehmen. Zu meinen Entscheidungen stehen: So sieht für mich gesundes Erwachsensein aus. Dafür steht der Apfel. *An apple a day keeps the doctor away!* In diesem Sinne: Guten Appetit!

21.15 Uhr

Die Zukunft der Kirche

Gerade haben wir es uns im Wohnzimmer gemütlich gemacht, um den Abend mit einem Glas Wein langsam ausklingen zu lassen, da klingelt das Telefon meines Mannes. Er wartete noch auf einen Rückruf. Es ist ein Mann, der vor Kurzem aus der Kirche ausgetreten ist. Er will noch mal mit dem Pastor darüber reden, sich erklären. Es scheint ihm unangenehm zu sein. Aber seine drei Kinder seien im Studium, und er müsse sparen, wo es nur ginge. In einem Gottesdienst war er seit Jahren nicht mehr, obwohl ihm Gott nicht egal sei. Aber die Kirche sei halt nicht so seins, es gäbe kein Angebot der Kirchengemeinde, das ihn ansprächе. Es gäbe ja auch andere Gruppen, die er ideell unterstütze, in denen er deshalb aber nicht gleich Mitglied sei.

Verständlich, was er sagt. Der Gang zum Standesamt und das Ausfüllen des Austrittsformulars nur konsequent.

Als jemand, der immer ein wenig zwischen den Stühlen sitzt, ist das für mich ein erstaunliches Erleben: Innensicht und Außensicht auf das, was wir gemeinhin Kirche nennen, decken sich nur zu einem geringen Prozentsatz! Die Frage nach Wahrheit wird zu einer Bekenntnisangelegenheit.

Was Kirchenkritiker sagen: Da treffen sich nur noch wenige, meist bereits grau- oder nicht mehr behaarte Menschen zum Gottesdienst, singen altertümliche Lieder und hören Predigten, die mit ihrem Leben meist nur wenig zu tun haben.

Was manche Kirchenleute sagen: Wir halten die Stellung, auch wenn die Leute nicht mehr am Gottesdienst interessiert sind, wir achten die Tradition in Lied und Text, und wir biedern uns nicht mit seichtem Allerweltsgeplänkel dem Zeitgeist an.

Was also tun? Eins ist für mich klar: Weitermachen wie bisher ist zwar eine Möglichkeit, sie führt aber notwendigerweise über kurz oder lang dazu, dass wir uns selbst abschaffen. Klar: Nicht die Sehnsucht nach Gott werden wir abschaffen, sondern die Institution Kirche, wie sie sich momentan darstellt. Anbiedern wiederum ist in der Tat keine Alternative, weil niemand so dumm ist, um nicht zu merken, dass wir das nicht ernst meinen.

Was also steht an? Bei dem bleiben, was unser Kerngeschäft ist: Beten. Gott loben und das möglichst nicht im stillen Kämmerlein. Gemeinschaft ermöglichen. Brot miteinander teilen und aus einem Kelch trinken (auch in der Erkältungszeit!). Für die da sein, die es allein nicht schaffen, in unserer Gesellschaft klarzukommen: Kinder, Alte, Kranke, Gestrandete. Ein Ohr für diejenigen haben, die nicht mit allem einverstanden sind, was die Institution Kirche so anstellt. Und vor allem: Keine Angst vor der Zukunft haben, egal wie viele Menschen ein Austrittsformular ausfüllen!

Für mich ein schönes Bild: An der Quelle bleiben, aber dem Fluss erlauben, neben den seit Jahrhunderten in den Boden eingeschriebenen Flussläufen auch neue, unbekannte Wege zu nehmen. Wer weiß, was uns dann alles noch erwarten wird? Wichtiger als die Form ist doch der Inhalt! Die Form muss sich ändern, will Kirche auch in Zukunft Menschen erreichen. Der Inhalt wiederum hat über die Jahrtausende bewiesen: Er ist heute genauso tragfähig wie vor 2000 Jahren. Deshalb macht es mir keine Angst, wenn Menschen aus der Institution Kirche austreten, weil sie mit deren Formen nichts mehr anfangen können.

Freitag

7.45 Uhr

Kleine Geschäfte und eine große Frage

Wir sitzen gerade alle zusammen am Frühstückstisch und wollen anfangen zu essen, da ertönt ein „Ich muss Pipi" der Älteren, und wir nicken alle verständnisvoll „Na, dann schnell, schnell" und sorgen dafür, dass zwischen Hochstuhl und Badezimmertür keine Hindernisse im Weg liegen, die für eine Pipi-Katastrophe *vor* dem Klo sorgen würden. Mit Kindern im Haus verändert sich das Verhältnis zu den eigenen Exkrementen kolossal. Man kann es nicht anders ausdrücken: Es ist schlichtweg eines der dominierenden Gesprächsthemen. Im Prinzip unterliegt unsere gesamte Tagesplanung den Ausscheidungsrhythmen der lieben Kleinen. Mit voller Windel geht nämlich überhaupt nichts, egal, welcher wichtige Termin ansteht.

Die kleinen und großen Geschäfte sind eines der Themen, deren Relevanz für den Alltag ich mir nie habe träumen lassen. Auch nicht, welches Glück es bedeuten kann, wenn die Pipi zum ersten Mal ins Töpfchen plätschert und nicht in die Windel! Auf dem Weg zum Selbstständigsein ist die eigene Kontrolle über die Ausscheidungsorgane ein zentraler Schritt. Der Stolz der Kleinen, wenn sie ausführlich darüber berichten, was in welcher Menge im Klo gelandet ist, rührt mich. Das ist schon ein grenzwertiger Fall von Elternliebe!

Umso mehr verstehe ich jetzt auch, wieso die drohende Inkontinenz im Alter so entwürdigend für viele ist. Man ist wieder dort, wo man als Kind nie sein wollte. Mit Windel und abhängig von denen, die einem helfen müssen. Man kann sich eine Windel eben kaum allein umlegen.

Als Jugendliche habe ich einige Wochen in einem Pflegeheim ausgeholfen. Es war eine fremde Welt für mich. Einmal wollten wir mit einer Gruppe essen gehen, um die Ecke zum Griechen. Ich erinnere mich, dass eine Dame um die Neunzig nicht mitkommen wollte, weil sie Angst davor hatte, ihren Urin nicht halten zu können, und eine Windel umlegen wollte sie auf gar keinen Fall, so alt wäre sie ja noch nicht. Die Pfleger haben also alles getan, um ihr dennoch den Restaurantbesuch zu ermöglichen. Ihr Platz im Bus und im Restaurant wurde diskret mit einer Folie auslegt. Es ist nichts passiert, und sie war unendlich stolz, dass alles gut gegangen war. Als Dank hat sie dem Kellner ein überaus großzügiges Trinkgeld dagelassen. Die Anspannung, die sie in den Tagen vorher und auch während des Ausflugs gehabt haben muss, möchte ich mir allerdings nicht vorstellen.

Um am Leben teilhaben zu können, muss man zu einem gewissen Grad funktionieren: Kontrolle über den Toilettengang, eigenständig essen, selbstständig über sein Geld verfügen, Bordsteine und Treppen überwinden können. Schwer ist es für die, denen dieses Glück nicht vergönnt ist. Oft genug sind sie ausgeschlossen oder schließen sich aus Scham selbst aus.

Ich wünsche mir eine Welt, in der es immer normaler wird, einander zu unterstützen, damit auch die Allerjüngsten, die Allerältesten und die, die aus anderen Gründen Unterstützung brauchen, an unserer Gesellschaft teilhaben können. So, wie es ihren Bedürfnissen und ihren Möglichkeiten entspricht.

Deshalb müssen wir darüber reden, auch wenn es banal erscheint: Über Pipi und über das, was nötig ist, damit sie bei jedem von uns zur rechten Zeit im Örtchen landen kann!

9.10 Uhr

Wahrheit

Die ältere Tochter ist im Kindergarten, und auch die Tageszeitung habe ich heute Morgen schon überflogen. Keine Überschrift lud mich ein, weiterzulesen. Die Zweijährige liest an meiner Stelle und zerpflückt dabei die dünnen Zeitungsseiten aufs Schönste. Die Wahrheit ist doch: Manche Dinge möchte ich mir nicht zumuten, schon gar nicht am frühen Morgen. Vor mancher Tatsache möchte ich die Augen verschließen, weil ich sie einfach nicht ertragen kann. Die leeren Blicke syrischer Kinder in den Flüchtlingscamps zum Beispiel und danach gleich auf der Boulevardseite irgendwelche Trennungsgeschichten mir unbekannter Promis. Die Gesichter der Kinder erzählen mir etwas über die wahren Verhältnisse in unserer Welt. Und die will ich nicht zu jeder Zeit in mein Herz lassen, weil sie meinen Alltag sprengen und mir der Morgenkaffee dann nicht mehr so gut schmeckt wie gewöhnlich.

Dabei fordere ich selbst immer wieder, dass wir vor der Wahrheit nicht die Augen verschließen dürfen! Aber wie würde eine Welt aussehen, in der nicht schöngefärbt und verdrängt wird – in der es keine Alltagslügen mehr gibt? Wahrscheinlich würde unsere Gesellschaft aus den Fugen geraten, würden wir uns nur noch die Wahrheit sagen.

Die Wahrheit stört eigentlich immer. Denn sie besitzt eine Sprengkraft, die ihresgleichen sucht. Sie kann Beziehungen unter neue Vorzeichen stellen und sie unter Umständen auch zerstören. Sie kann bewirken, dass ich beim Lesen der Tageszeitung infrage stelle, ob meine kleinen Alltagssorgen wirklich berechtigt sind, wenn zeitgleich alle paar Sekunden ein Kind stirbt, nur weil die Nahrung ungerecht verteilt ist. Und ich müsste antworten: Nein, meine Sorgen sind nicht berechtigt. Wenn ich mir im Spiegel noch in die Augen blicken will, muss etwas anders werden in meinem Leben.

Jesus hat mal gesagt: *„Die Wahrheit wird euch befreien"* (Johannesevangelium Kap. 8 Vers 32). Also gibt es sie doch – die befreiende Kraft der Wahrheit, die fest gemauerte Lügengefängnisse aufsprengt. Ich möchte nicht abstumpfen, trotz der Schreckensbilder jeden Tag. Im Gegenteil: Ich möchte meinen Blick auf die Wirklichkeit schärfen. Genauer hinschauen und vor allem – hinfühlen. Auch wenn mir dann der Morgenkaffee nicht mehr schmecken sollte. Ich möchte mir die Wahrheit zumuten, um wahrhaftig zu bleiben.

9.15 Uhr

Alltagslügen im Liebesleben?

Die Wahrheit zumuten – geht das immer? Gibt es nicht auch Notlügen, Liebeslügen, Alltagslügen? Klein und fein und verschmerzbar, weil es doch um das große Ganze geht?

Beim Thema Alltagslügen muss ich unweigerlich an eine Geschichte meiner Großeltern denken. Eins ist klar: Ich habe sie sehr geliebt, und ich war nicht selbst Zeugin dieser Geschichte. Aber so, wie ich meine Großeltern kennengelernt habe, glaube ich, dass es so gewesen sein kann. Weil sie sich auf ihre ganz eigene Art und Weise geliebt haben. Jetzt aber zu der Geschichte, die eine Liebesgeschichte der anderen Art ist: Sie begann mit einem Strauß Gerbera. Mein Großvater schenkte ihn meiner Großmutter zum Geburtstag, als sie ein junges Paar waren. Zwar liebte meine Großmutter Blumen über alles, Gerbera jedoch gerade nicht! Aber das mochte sie ihrem Mann nicht sagen, als er mit dem Blumenstrauß vor ihr stand. Sie wollte ihm die Enttäuschung ersparen. Und so blieb es dabei: Jedes Jahr zum Geburtstag bekam sie einen Strauß Gerbera – bis wir diese Tradition nach dem Tod meines Großvaters fortsetzen wollten und meine Großmutter kleinlaut zugab, Gerbera überhaupt nicht zu mögen.

Lügen aus Liebe? Hand aufs Herz, das hat doch jeder schon einmal gemacht. Meist in bester Absicht! Umfragen belegen: Rund zwanzig Mal lügt jeder von uns pro Tag. Wir sind geradezu verstrickt in ein Netz aus kleinen Alltagslügen. Sie alle sollen unser Miteinander geschmeidiger machen. Nettigkeiten verbessern das Klima. Deshalb sagt der Wiener Sozialwissenschaftler Peter Stiegnitz auch, Lügen sei ein Zeichen sozialer Intelligenz. Sicherlich hat er recht: Das Miteinander in unserer Gesellschaft würde anders aussehen, würden wir auf die Nettigkeiten und Notlügen verzichten. Trotzdem möchte ich fragen: Wäre es nicht aufrichtiger, möglichst bei der Wahrheit zu bleiben – auch, wenn dadurch manche Dinge komplizierter werden?

Der Mensch, den ich hinter seiner Maske aus Schönfärberei erkenne, ist vielleicht nicht der, den ich meinte zu kennen. Was wäre also gewesen, hätte meine Großmutter ihrem Mann von Anfang an die Wahrheit gesagt? Sicherlich hätte sie ihn erst einmal verletzt; wenn ein Geschenk von Herzen kommt und es ist das falsche – das tut weh. Davon kann ich selbst ein Lied singen. Aber auch wenn es Schwierigkeiten macht: Ich glaube, dass es keinen besseren Weg gibt, als sich an die Wahrheit zu halten. Trotz allem.

Die Wahrheit wird euch befreien.
Johannesevangelium Kap. 8 Vers 32

9.45 Uhr

Zeit der Zeugen

Eben bin ich auf dem Weg zum Drogeriemarkt Frau W. begegnet. Ohne Rollator kann sie ihre Wohnung nicht mehr
verlassen. Sie fühlt sich schwach. Manchmal zu schwach,
um die notwendigsten Einkäufe zu erledigen. Je älter sie
wird, desto häufiger träumt sie von Bombennächten, dun-
kelmodrigen Kellern und einer Angst, die einen zum Tier
werden lässt. Sie hat viel erlebt und war froh, als ich mir
vor einiger Zeit ein paar Stunden Zeit genommen hatte,
um ihr zuzuhören. Ihre Kinder haben nie gefragt, wie das
gewesen ist, vieles hatte sich in ihr aufgestaut. Der Erin-
nerungsstrom war kaum zu stoppen.

Ich lebe in einer Stadt, die von ihrer Stunde Null her
lebt. Die Stunde Null ist der 22. März 1945 um die Mit-
tagszeit. Bomben fielen und zerstörten einen Großteil des
Stadtkerns sowie viele historische Kirchen. Ein Flam-
menmeer, unzählige Tote. Das Trauma ist bis heute in die
Seele der Stadt und ihrer Bewohner eingeschrieben. Die
tristen 1950er-Jahre-Häuserreihen erzählen davon wie
auch der historisch wieder aufgebaute Marktplatz und
die großartig restaurierten Kirchen. Noch leben einige der
Zeitzeugen, die das Inferno miterlebt haben. So wie Frau
W. Als junges Mädchen hat sie mit Steine geschleppt, eine
Kirchenruine von Schutt befreit, ganz selten durfte sie
mal die Glocke läuten, die notdürftig ins zerstörte Kir-
chenschiff gehängt worden war.

Als ich sie eben auf der Straße gesehen habe, sah ich eine in sich gebeugte Frau, zu langsam für den Fußgängerstrom um sie herum. Die Grünphase der Ampel hat für sie nicht gereicht. Ihre paar Einkäufe hatte sie in dem kleinen Korb: abgepacktes Brot, saure Gurken, Camembert, Kaffee. Sie schaute hoch, als ich sie ansprach. „Ich kenn mich nicht mehr aus in der Welt", sagt sie mir. „So laut, so schnell." Jeden Freitagabend betet sie mit anderen um Frieden in der Welt, wenn die Schmerzen in den Knien nicht zu stark sind und sie zu Hause bleiben muss. „Die Jungen haben ja keine Ahnung, wie das ist im Krieg. Die wissen gar nicht, wie gut sie es haben." Also betet sie für die jungen Leute gleich mit, freitags um 18 Uhr. Ihr Urenkel wünscht sich von ihr einen Computer, das Feinste vom Feinen, und sie fragt mich, ob das nötig sei, so viel Geld. Aber sie hat gespart. Sie werde ihm das Geld geben für etwas Ordentliches, sagt sie mir. Wozu hat man denn gelebt? Und sie geht weiter, gebeugt, langsam. Zu langsam für unsere Zeit. Mein Herz zieht sich zusammen, als ich ihr nachblicke. Es wird viel verloren gehen, wenn sie und ihre ganze Generation einmal nicht mehr sein werden.

Ich frage mich: Was werden wir Nachgeborenen mit den noch immer offenen (aber zumeist verschwiegenen) Kriegswunden in unserer Gesellschaft tun, wenn uns niemand mehr davon erzählen kann, wie es ist, in dunklen Kellerlöchern zu hocken und nicht zu wissen, ob man die Nacht überleben wird? Ich fürchte mich vor einer Zeit, in der der Zweite Weltkrieg nur noch in den Geschichtsbüchern zu finden ist.

10.30 Uhr

Engel?

Gleich muss ich noch mal kurz zum Arzt. Mein Rücken muss kontrolliert werden. Letzte Woche hatten mein Mann und ich einen Unfall. Auf der Autobahn ist ein Auto vor uns ins Schlingern gekommen, gegen die Leitplanke geprallt und dann direkt in uns hineingerutscht. Das war ein riesiger Schock, der erste schwere Unfall, den ich erlebt habe. Zum Glück ist uns und denen im anderen Auto außer einem Schleudertrauma und einem leichten Schock nichts passiert. Wenn ich an den Moment des Unfalls denke, sehe ich die einzelnen Bilder immer noch vor mir. Wie das Auto vor uns die Kontrolle verloren hat und dann innerhalb von Bruchteilen von Sekunden klar war, dass wir keine Chance haben auszuweichen. Dann kam der Aufprall, die Airbags öffneten sich und alles qualmte. Bis heute habe ich diesen Geruch noch in der Nase, als hätte er sich in mir eingebrannt. Obwohl ich als Notfallseelsorgerin schon häufig Situationen erlebt habe, die ähnlich waren, stand ich selbst vollkommen neben mir, lief an der Leitplanke entlang und wusste überhaupt nicht, was zu tun ist.

Im Nachhinein betrachtet haben wir riesiges Glück gehabt. Nur Glück? War da nicht noch jemand anders am Spiel? Bei mir baumelt kein Schutzengel am Rückspiegel und auch sonst habe ich mit all den verkitschten Engelsfiguren, die man an jeder Ladentheke kaufen kann, so meine Probleme. Allerdings glaube ich daran, dass es

Engel gibt: Gottes Boten, die zwischen Himmel und Erde unterwegs und für uns da sind. Auch dann, wenn wir es gar nicht merken.

Vor allem aber glaube ich daran, dass Gott sich Menschen zu seinen Helfern macht. Einmal hat jemand gesagt: Gott hat keine anderen Hände als die unseren. Letzte Woche auf der Autobahn waren es der Polizist, die Rettungssanitäter, die Pfleger und die Ärztin in der Notaufnahme. Während der paar Stunden, die wir mit dem Unfall zu tun hatten, habe ich in so viele freundliche, offene Gesichter geschaut wie lange nicht. Sie alle tun ihren Dienst im Verborgenen und werden dann und wann zu Engeln, auch ohne Flügel.

10.40 Uhr

Engel!

Wie gesagt, mit den geflügelten Engelsgestalten kann ich wenig anfangen. Wohl aber mit Engeln. Sie sind das Fußvolk Gottes, man kann sie ansprechen, sie haben ein Gesicht. Das ist es wohl, was viele Menschen an Engeln so fasziniert. Sie sind nahbar, greifbar, fühlbar. Ich denke an Frau F. Ich habe sie in ihren letzten Tagen und Wochen begleitet. Frau F. hatte Krebs, unheilbar. Da ihre Kinder weit weg lebten, habe ich sie häufig im Krankenhaus besucht. Manchmal haben wir gebetet, oft hat sie geweint, mir viel aus ihrem Leben erzählt. Mit Kirche hat sie es nicht so gehabt, sagte sie. Gott war kein Thema in ihrem Leben. Sie hatte ihren Beruf, die Kinder, verschiedene Beziehungen. Für anderes war viele Jahre lang kein Platz, und es fehlte ihr nichts.

Nun liegt sie viele Stunden täglich in ihrem Bett und sie hat Zeit. Wenn die Schmerzen nicht zu stark sind, kommt vieles in ihr hoch. Erinnerungen, Bilder, Musik, Gerüche. Davon erzählt sie mir. Von Woche zu Woche wird sie schwächer, kann irgendwann nicht mehr reden. Ich sitze neben ihrem Bett, halte ihre Hand. Später ist sie nur noch selten bei Bewusstsein, und ich bringe ihr einen kleinen Bronzeengel mit. Man kann ihn gut in der Hand halten, er fühlt sich angenehm an, warm und rund.

Frau B. hält diesen Engel ganz fest. Er ist bei ihr, wenn sonst niemand da sein kann. Was er ihr bedeutet? Das ist in den Himmel eingeschrieben.

11.20 Uhr

Wartezimmer-Philosophie

„Bringen Sie Zeit zum Warten mit", hatte sie mir noch am Telefon gesagt. Hier sitze ich nun, die mitgebrachte Zeit im Rucksack neben mir. Wartezimmer haben einen ganz eigenen Charme. Man spürt sofort, bei welcher Sorte Arzt man ist, nein: Man riecht es! Schon das Mobiliar atmet einen bestimmten Geist, meist passen die Ärzte dann rein optisch dazu. 1960er-Jahre, 1970er-Jahre oder in Ganz-Schick.

Die Leute, mit denen man da im lockeren Stuhlkreis sitzt, passen nicht immer zum Mobiliar. Sie husten, röcheln, hinken oder schielen. Manche tun nichts von dem und hocken einfach nur still und in sich versunken auf ihrem Stuhl. Andere reden lautstark über ihre Gebrechen, und ich möchte es meist nicht hören. Je nachdem riecht es nach selten gewaschenen Körpern, teurem Parfum oder vollen Windeln.

Das Wartezimmer des Unfallchirurgen heute Vormittag ist ein gläserner Kasten. Es ist erst 11.20 Uhr, aber stickig. Zu viele Menschen im Aquarium, die auf die gestaltete Mitte in Form von abgegriffenen Zeitschriften starren. Einmal, im Wartezimmer unseres Kinderarztes, sang meine damals dreijährige Tochter aus vollem Hals eine Zeile aus „Der Mond ist aufgegangen" als Dauerschleife. Und zwar: „So legt euch, Schwestern, Brüder, in Gottes Namen nieder, kalt ist der Abendhauch …" Das würde ich jetzt grad auch gern singen, wenn ich mich trauen würde. Ich traue mich – nicht. Das ist der alles entscheidende Unterschied zwischen Kindern und uns der Kindheit Entwachsenen.

Oft fühle ich mich durch die verschenkte Wartezimmer-Lebenszeit noch kleinkränker gemacht, als ich mich sowieso schon fühle. Ob ich auch noch anderes an dem Tag zu tun habe, ob mein Kind vom Kindergarten abgeholt werden muss, das interessiert nicht. Soll ich mir halt einen neuen Termin geben lassen. Das könnte ich machen, macht die Sache aber auch nicht besser. Also warte ich weiter. Gelassen natürlich!

12.25 Uhr

1 Minute 30 Sekunden

Endlich. Eine Stunde später. Ich war exakt 1 Minute und 30 Sekunden im Behandlungszimmer, habe kurz meinen Arm rauf und runter bewegt, gesagt, wo es wehtut, ein neues Rezept bekommen.

Bei Jesus ging das immer anders. Man musste auch ziemlich lange warten, bis er endlich vorbeikam. Aber dann war er ganz und gar da. Nahm sich Zeit. Redete. Fragte. Ganzheitlich würde man das heute wohl nennen. Leider lässt sich heute „viel Zeit" schlecht abrechnen. Nächstes Mal lasse ich dem Arzt meinen Rucksack voll mitgebrachter Zeit da, er kann sie dann an die verteilen, die sie gut gebrauchen können.

13.30 Uhr

Nachtisch.
Kleiner Exkurs über Neid

Heute gibt es zum Nachtisch Eis. Das ist das Stichwort, das bei uns zu Hause zu jeder Zeit und sofort Wirkung zeigt. Ob im Sommer oder im Winter, Eis geht immer! Große Freude also allerseits, wenn es zum Nachtisch eine Kugel Eis gibt.

Diese Freude schlägt aber regelmäßig in kaum zu bändigen Wutausbrüche um. Nämlich dann, wenn sich eines der Kinder am Tisch ungerecht behandelt fühlt, weil die eine Kugel größer zu sein scheint als die andere. Auch wenn man im Alter von einem Jahr noch nicht sprechen kann und kaum in der Lage ist, den Löffel zielgerecht zum Mund zu führen, sind die Sensoren für Gerechtigkeit schon wunderbar ausgeprägt. Als wäre es genetisch in uns angelegt, dass wir bloß nicht zu kurz kommen wollen.

Wenn ich genauer darüber nachdenke, merke ich, dass da häufig zwei Themen miteinander vermischt werden: Neid und Gerechtigkeit. Vordergründig geht es natürlich immer um Gerechtigkeit. Gerecht scheint etwas dann zu sein, wenn die Waagschale immer ausgeglichen ist, die Eiskugeln aufs Gramm genau gleich schwer. Dennoch reicht mir das nicht als Begründung für dieses subtile Gefühl, das in mir nagt, wenn ich etwas als „ungerecht" empfinde. Mehr noch, ich bin der Überzeugung, dass es Gerechtigkeit in diesem Sinn gar nicht gibt, nicht geben kann. Wie würde eine Welt aussehen, in der alles „gerecht" ist? Jeder hätte das Gleiche? Jeder wäre gleich gesund oder gleich krank?

Es gibt keinen Weg drumherum: Unsere Welt ist ungerecht! Wieso kommt es sonst auf den Kontinent, das Land oder manchmal sogar die Stadt an und darauf, wie viel Geld ich in welchem Beruf verdiene? Ist eine Ärztin in Spanien schlechter als eine Ärztin in den USA? An dem Geldwert einer Dienstleistung, Arbeit oder Sache können wir nicht festmachen, wie viel „Wert" sie hat. Trotzdem ist mir Gerechtigkeit wichtig. Mir liegen die Propheten des

Alten Testaments sehr am Herzen. Bei ihnen geht es oft um Gerechtigkeit. Dabei geht es ihnen nicht darum, dass alle am Ende das Gleiche haben, sondern dass allen die Möglichkeit offensteht, an der Gesellschaft teilzuhaben. Das ist für mich der alles entscheidende Unterschied!

In der Geschichte vom Weinbauern, die Jesus erzählt, wird das konkretisiert: Jeder, der auf dem Weinberg gearbeitet hat, bekommt am Ende des Tages denselben Lohn. Die, die den ganzen Tag in der heißen Sonne geschuftet haben, beschweren sich – sie hätten mehr verdient als die, die nur eine Stunde lang arbeiten mussten. Auch hier geht es nicht darum, dass alle haargenau gleich behandelt werden, sondern dass alle am Abend die Möglichkeit haben, mit etwas zu essen im Magen einzuschlafen. Gottes Gerechtigkeit spielt nach anderen Regeln als unsere.

In dieser Geschichte, die mir persönlich sehr gefällt, weil sie so nah an unserem eigenen Erleben ist, ist es letztlich nicht die Frage nach Gerechtigkeit, die die Probleme bringt, sondern der Neid derer, die sich zurückgesetzt fühlen.

Es fällt mir etwas schwer, das auszusprechen. Aber ich glaube wirklich, dass Gott uns das zumutet: Die Verhältnisse, die wir Menschen selbst geschaffen haben, sind ungerecht. Klar ist das oftmals nicht in Ordnung, nicht gerechtfertigt. Wenn wir uns aber zu sehr darauf versteifen, nur immer das zu sehen, was die anderen haben, verbittern wir. Es bringt uns einfach nicht weiter!

Beim Verteilen von Eiskugeln, Schokostückchen oder Gummibärchen und manchem anschließenden Wutausbruch denke ich immer wieder an diesen Gerechtigkeits-

Sensor, der uns von Anfang an begleitet. Er ist für viele im Positiven die Triebfeder, sich für eine lebenswerte Welt für alle Menschen einzusetzen. Und natürlich versuche ich, mit meinen Kindern möglichst gleich umzugehen, damit sie bloß nicht das Gefühl haben, benachteiligt zu werden. Insgeheim aber frage ich mich manchmal, ob es nicht doch eher so ein Neid-Gen ist, das uns das Leben oft unnötig viel zu schwer macht (Papst Gregor I. nahm vielleicht nicht ohne Grund den Neid in die Liste der sieben Hauptsünden auf)?

14.30 Uhr

Frisör

Heute steht mal wieder ein Frisörbesuch an. Lange Jahre hatte ich eine wunderbare Frisörin, der ich mich und meine Haare komplett anvertrauen konnte. Eine warmherzige junge Frau, Deria, die mein Herz im Nu erobert hatte. Dann war sie eines Tage wie vom Erdboden verschluckt. Hinter vorgehaltener Hand erzählte mir ihre Kollegin, dass Deria über Nacht aus unserer Stadt flüchten musste. Irgendwas, worüber man nicht offen redet, sondern nur flüstert. Mich hat erschüttert, dass ich nie etwas von dieser ganz anderen Wirklichkeit ihres Lebens geahnt hatte. Nun ist sie schon seit über einem Jahr weg und noch immer fehlt sie mir, nicht nur, weil sie bislang die Einzige ist, der ich meine Haare vorbehaltlos anvertraut habe.

Seit Deria nicht mehr da ist, bin ich auf einer Frisör-Odyssee unterwegs. Ich probiere es mal hier, mal dort, aber nirgends werde ich Stammgast. Die Frisörinnen und Frisöre, die ihren Job größtenteils gut machen, können nichts dafür, dass ich eigentlich immer noch Deria vermisse. Haareschneiden ist Vertrauenssache. Dabei geht es mir nicht um den perfekten Haarschnitt, sondern vor allem darum, ob ich mich nach dem Besuch wohler in meiner Haut als vorher fühle. Ich bewundere Menschen, die das richtige Händchen für diesen Job haben. Sie sind eigentlich im besten Sinn Seel-Sorger. Wenn sich jemand um mein äußeres Wohlbefinden sorgt, sorgt er sich zugleich um meine Seele. Vielleicht finden deshalb beim Friseur so viele Gespräche statt, die man ohne Probleme als „Seel-Sorge" bezeichnen könnte!

Heute hatte ich Glück, ich fühle mich bestens. Die Haare fühlen sich leichter an, und froh gehe ich zurück nach Hause, der Schreibtisch ruft.

16.00 Uhr

Wenn Träume keinen Ort haben

Immer wenn ich mich an meinen Schreibtisch setze, fällt mein Blick auf einen Buchrücken. Er ist blau, himmelblau. Es ist das letzte Geschenk meiner Freundin Anna.

Ein Bildband. Großformatige Fotos vom Meer, weiten Stränden und Möwen am Horizont. Auf dem Buchrücken steht in weißer Schrift „Wogen der Sehnsucht", und das könnte auch der Titel für eine Rosamunde-Pilcher-Verfilmung sein. Wahrscheinlich hätte ich dieses Buch so wie einige andere schon längst weggegeben. Stattdessen weiß ich: Dieses Buch werde ich behalten. Immer. Anna hat sich vor einigen Jahren das Leben genommen. Sie fand ihren Platz nicht – in dieser Welt und in ihrer Kirche. Sie war Pastorin, so wie ich. Ich habe sie immer dafür bewundert, wie sie ihren Beruf lebte. Sie war geradeaus. War für die da, die am Rand stehen. Die mit den eher ungeraden Lebensläufen. Zur Not gab sie auch kurzerhand Nachhilfe in Mathematik, wenn sie festgestellt hatte, dass einer ihrer Konfirmanden wieder so bedrückt in der Kirchenbank hockte. Sie wusste – wer Sorgen hat, kann Gott nicht loben. Wer nichts im Magen hat, dessen Seele kann sich nicht nach mehr sehnen. Wer auch immer bei ihr klingelte, bekam erst einmal eine Tasse Tee. Hand und Herz, Leib und Seele gehörten bei ihr zusammen. Und sie litt an der Welt, die nach anderen Regeln funktioniert.

Im Nachhinein ist es einfach zu sagen: Sie hat die Realität verkannt. Ihre Träume hatten nicht Hand und Fuß, sie waren U-topien, sie hatten keinen Ort. Ich weiß nur: Anna wünschte sich eine Welt, in der alle Menschen ihren Platz finden. Eine Kirche, in der niemand abgewiesen wird, weil er nicht passt. Und zuletzt war sie selbst es, die sich abgewiesen fühlte, ort-los.

Anna ist an dieser Welt zerbrochen. Und ich, ich habe noch ihr Buch im Bücherregal: „Wogen der Sehnsucht".

Ihre Sehnsucht blieb ungestillt. Sie ist ein Stück zu meiner Sehnsucht geworden, auch wenn ich weiß, dass ihre Konsequenz niemals meine eigene sein kann. Wenn aber jemand an meiner Tür klingelt und es mir eigentlich gerade nicht passt, wenn es darum geht, auszusprechen, was nicht stimmt, denke ich an sie und an alle, die über das Mögliche hinaus geträumt haben.

16.50 Uhr

Frau K., die einmal Herr K. war

Eben bin ich Frau K. begegnet. Wir kennen uns seit einigen Jahren, sie hatte mich mal zum Tee zu sich nach Hause eingeladen. Hübsche Wohnung, alles Ton in Ton, den Kuchen hatte sie selbst gebacken.

Frau K. war früher Herr K. Sie hat einen jahrzehntelangen, schweren Weg hinter sich. Mittlerweile ist sie über fünfzig, und noch heute weigert sich ihre Familie, sie zu akzeptieren. Sie trauern Herrn K. hinterher, obwohl es den schon lange nicht mehr gibt. Frau K. ist bemüht, nicht aufzufallen, manchmal traut sie sich wochenlang nicht vor die Tür. Ihr Frausein ist ihr Lebensthema. Danach kommt lange nichts. Unsere Gespräche kreisen um die Frage: Wer bin ich, und darf ich in dieser Gesellschaft die sein, die ich bin?

Wie es sein muss im falschen Körper geboren zu werden – ich weiß es nicht. Ich bewundere alle, die sich damit nicht abfinden wollen, die einen langen und steinigen Weg gehen, um ihrem Körper das Aussehen zu geben, das ihrem inneren Gefühl entspricht. Sie wollen nicht länger mit einer Lüge leben. Wer gäbe mir das Recht, sie dafür zu verurteilen?

> *Der Mensch sieht, was vor den Augen ist,*
> *der Herr aber sieht das Herz.*
> *1. Buch Samuel Kap. 16 Vers 7*

17.05 Uhr

Die 1. Rippe

Die Physiotherapeutin bearbeitet meine schmerzhafte Schulter. „Hier", sagt sie, „das ist übrigens Ihre 1. Rippe. Tut weh, oder?" Ich muss ziemlich aufstöhnen. „Muss doch interessant für Sie sein, wie sich die 1. Rippe so anfühlt. So als Pastorin ..."

19.00 Uhr

Rituale

Ich weiß nicht, welche Rituale es in Ihrem Leben gibt. In meinem sind es oft ganz kleine Dinge, deren gleichbleibende Regelmäßigkeit mir über die Jahre wichtig geworden ist. Der „Tatort" am Sonntagabend, die warme Dusche am Morgen, stille Zeiten zwischendurch oder mittendrin. Und abends: die Wohnung und die Seele aufräumen, wenigstens das Gröbste. Den Tag Revue passieren lassen, das Wichtige vom Unwichtigen trennen.

Spreu vom Weizen.
Matthäusevangelium Kap. 3 Vers 12

20.45 Uhr

Armut

Wenn man wie ich mitten in der Stadt wohnt, ist es nicht tragisch, einzelne Dinge beim Einkaufen vergessen zu haben. Bei uns fehlt regelmäßig abends noch irgendetwas. Milch, Käse, Äpfel, Brot. Bis 21.00 Uhr hat unser Discounter um die Ecke noch auf. Oft renne ich noch auf die letzte Minute los, obwohl ich weiß, dass es den Verkäuferinnen gegenüber nicht sehr nett ist, noch so kurz vor Schluss in den Laden zu stürmen.

Was mich an den Kurz-vor-Schluss-Einkäufen so beschäftigt, sind die Menschen, die ich um diese Uhrzeit dort antreffe. Manchen sieht man an, dass ihre Gesichter nur selten Tageslicht sehen. Andere schleppen sich wie aus letzter Kraft durch den Laden, um dann eine Packung billiges Toastbrot, Käse und eine Flasche Cola aufs Band zu legen und beim Warten immer wieder die Münzen zu zählen, die im Portemonnaie noch zu finden sind. Viele schwanken schon leicht, und ich will nicht ausmachen, ob Alkohol oder Müdigkeit die Ursache sind.

Armut macht scheu: menschenscheu und lichtscheu. Die Scham, entdeckt zu werden, ist groß. Manche wechseln ein paar Worte mit der Kassiererin, und es ist zu merken, dass es vertraute Begegnungen sind. Vielleicht ein paar Mal die Woche, vielleicht jeden Abend ein paar Worte. Ich habe Hochachtung vor denen, die Tag für Tag dort an der Kasse sitzen und für viele mehr sind als jemand, der einfach nur das Geld kassiert. Sie müssen viel einstecken, werden angepöbelt, beklaut, angelogen. Bei all dem haben sie freundlich zu sein und obendrein noch selbst die Konsequenzen zu tragen, wenn in der Kasse etwas fehlt. Selten wird ihnen jemand sagen, dass sie ihre Arbeit richtig gut gemacht haben.

Dabei haben sie, gerade in sozialen Brennpunkten, eine wichtige Aufgabe! Sie sehen denen, die durchs Netz gefallen sind und die sonst von niemandem mehr gesehen werden, in die Augen. Sie wünschen ihnen einen Guten Abend. Sie verkaufen nicht nur eine Tüte Brot. Sie schenken das Wichtigste, was wir zum Leben brauchen: Sie sehen uns an.

23.40 Uhr

Sünde

Seit ich mich gestern seit Langem wieder an mein Erlebnis in dem christlichen Ashram in Indien erinnert habe, denke ich immer mal wieder daran. Ich frage mich, ob es vielleicht doch etwas in mir gibt, was zu sehr an Besitz festhält. Oder ob ich zu eitel bin, mich von so einer Massenbekehrung einnehmen zu lassen. Hielt ich mich für etwas Besseres damals, als ich einfach frühzeitig von dort abgereist bin? Ist vielleicht doch was dran an der Sünde?

Ich muss zugeben: Ja, ich war ziemlich überzeugt davon, dass ich im Recht gewesen bin. Ich war wütend auf die, die versucht hatten, mich als durch und durch sündigen Menschen darzustellen.

Zugleich war da aber ein leiser Restzweifel in mir: Bin ich wirklich so frei von aller Schuld? Täte es nicht auch mir mal gut, offen meine Schuld zu bekennen, zu beichten? Nicht vor Tausenden von Menschen und nicht gezwungenermaßen, sondern freiwillig. Im geschützten Rahmen. Ich merke: Ja, das ist ein Thema für mich. Mir fehlt das in meiner evangelischen Kirche, eine selbstverständliche Beichtpraxis. Man kann doch nicht an allem, was einem quer im Magen liegt, ewig herumkauen! Niemand muss an sich selbst und den eigenen Schuldgefühlen ersticken! Ich selbst habe schon vielen Menschen zugehört, mit ihnen gebetet, sie gesegnet. Tränen sind geflossen, Knoten geplatzt. Vieles kann neu werden, wenn man sich traut, die eigene Scham zu überwinden und sich jemandem anzuvertrauen. Ich bin jedes Mal dankbar, wenn mir ein solches Vertrauen entgegengebracht wird, das ist ein großes Geschenk.

Sünde ist ein Thema. Und ich unterstelle mal: nicht nur bei mir. Vielleicht klingt das Wort heute vielen zu altertümlich und zu sehr nach einem ewig strafenden Gottvater im Himmel! Aber das kann nicht davon ablenken, dass ich schuldig werde. Ob ungewollt oder gewollt. Ich glaube nicht an ein Strafkonto, in dem meine kleinen und großen Sünden aufgelistet werden. Allerdings glaube ich, dass alles, was mir selbst die Seele schwer macht, zwischen dem steht, der mich unendlich liebt, und mir, die ich in meinem Lieben immer unzulänglich bleibe.

Es ist schon spät, aber ich habe einen kühnen Gedanken: Ich werde zur Beichte gehen. Morgen Abend. Ich weiß nicht, wie das geht, aber das werde ich wohl herausfinden. Der katholische Dom ist nur ein paar Gehminuten von uns entfernt. Das ist doch wohl ein Kinderspiel, warum sollte ich das nicht schaffen!

Samstag

7.30 Uhr

Lieblingsbuch

Ganz selten habe ich am frühen Morgen Zeit für mich selbst. Heute könnte es klappen. Die Kinder schlafen noch, und ich schleiche mich auf Zehenspitzen aus dem Schlafzimmer, ziehe mir einen Pulli und dicke Socken über. Ich nehme mir, wofür in meinem Alltag ehrlich gesagt nur selten Raum ist: dreißig Minuten Lesezeit. Ich nehme meine Bibel, zünde eine Kerze an. Ich schlage sie an einer beliebigen Stelle auf, lese den Text, lasse die Worte in mir wirken. Manchmal sprechen sie zu mir und manchmal nicht.

Viele finden, dass die Bibel ein unzugängliches Buch sei, lebensfern. Ich unterstelle mal, dass sie in den meisten deutschen Haushalten ein jahrzehntelanges, einsames Dasein im Schrank fristet, wenn sie nicht schon längst im Keller oder im Antiquariat gelandet ist. Viele Geschichten klingen fremd, die Sprache ist nicht mehr unsere. Dabei ist die Bibel ein Alltagsbuch, zum täglichen Gebrauch gedacht! Sie erzählt von gescheiterten Existenzen, Träumern, Gerechtigkeitskämpfern, Propheten, Heimatlosen. Von Krankheit, Armut, Kinderlosigkeit, Betrug, Liebe. Nichts Menschliches ist ihr fremd, und Gott ist sich für nichts zu schade.

Die Bibel ist ein Lebens-Buch. Mal trifft sie genau meine momentane Verfassung, mal genau daneben. Immer aber fordert sie mich heraus. Deshalb mag ich das Zufallsprinzip. Heute Morgen lese ich im Johannesevangelium. Einen Satz, den ich schon unzählige Male gelesen habe. Trotzdem trifft er mich bis ins Mark:

Wer unter euch ohne Sünde ist, der werfe den ersten Stein.
Johannesevangelium Kap. 8 Vers 7

9.45 Uhr

Ein Gott für alle?

Wir planen gerade die Taufe der Jüngeren. Sie hat, wie schon gesagt, zwei Mütter und zwei Väter. Die leibliche Mutter wird auch da sein. Sie ist Muslima und trägt seit einigen Monaten Kopftuch. Sie glaubt an Allah und daran, dass es egal ist, welcher Religion man angehört, Hauptsache, man meint es ernst mit Gott. Sie ist stolz darauf, dass ihre Tochter getauft werden wird, und darauf, dass sie bei einem Pfarrer-Ehepaar aufwächst. Ein großer Tag für sie und für uns.

Die Taufe wird unproblematisch verlaufen, denn die Grundfragen sind geklärt: Wessen Gott die Wahrheit für sich gepachtet haben könnte, müssen wir nicht ausfechten.

Aber: Ein Gott für alle? Ich sehe schon die hochgezogenen Augenbrauen strenger Theologen vor mir, denen der ganze Religionen-Gemischtwarenladen des 21. Jahrhunderts mehr als suspekt ist. Zugegeben: Auch ich selbst habe so meine Schwierigkeiten damit. Sind denn

alle Unterschiede einfach so wegzuwischen? Die Unbarm-
herzigkeit des Karma-Konzepts im Buddhismus ist für
mich beispielsweise das absolute Gegenteil dessen, was
die Vergebung der Sünden im Christentum meint. Wenn
alles, was ich tue oder eben nicht tue, unendliche Konsequenzen hat – mich sogar bis in mein nächstes Leben
verfolgt –, ist es da wirklich noch möglich, von Freiheit zu
sprechen? Ich fehlerhaftes Wesen möchte mir kein Dasein
vorstellen, in dem mir niemals verziehen wird. In dem
mir alles ewig anhaftet, auf mich zurückschlägt: Krankheit, Unglück, Armut – alles eine Konsequenz meiner
Taten? So möchte ich nicht leben! Auch da komme ich an
Grenzen.

Dennoch behagt es mir nicht, wie sehr in kirchlichen
Kreisen oft darauf rumgehackt wird, dass sich heutzutage viele ihre Religion zusammensuchen: ein bisschen
Buddhismus, etwas Islam, alles mit einer ordentlichen
Prise Esoterik gewürzt, aber an Weihnachten in die Kirche
gehen. Das Unwort heißt: „Patchwork-Religion" und steht
für den Verfall einer profilierten, eindeutigen christlichen
Glaubenskultur. Dabei frage ich mich immer wieder: Gibt
es das wirklich und gab es das je – christlichen Glauben
in Reinkultur? Was zum Beispiel ist mit den Weihnachts-
bäumen in unseren Kirchen? Streng genommen müssten
wir sie hinausschmeißen, denn von ihnen steht nichts in
der Bibel. Sie sind Kulturgut, genauso wie Adventskränze
oder Ostereier, vor denen kaum ein Gemeindehaus gefeit
ist. Und die bunten Eier tauchen häufig nicht erst an Ostern auf, sondern bereits vor Karfreitag (weil andere das
in ihren Vorgärten ja auch so machen). Ich erinnere mich

an die Reaktionen einiger Gemeindeglieder, als ich – noch
in kinderloser Zeit – verkündete, dass mein Mann und
ich keinen Weihnachtsbaum haben. Es war kaum möglich, deutlich zu machen, dass uns Weihnachten deshalb
nicht vollkommen egal ist, sondern im Gegenteil ziemlich
wichtig!

Ich sehe die Tatsache, dass sich viele nicht mehr so
eindeutig auf nur eine Religion festlegen wollen, daher
nicht so kritisch. Immer wieder habe ich nämlich festgestellt: Glaube und die Kultur, in der wir unsere Religion
leben, sind untrennbar miteinander verquickt. Das habe
ich sowohl bei meinen Auslandsaufenthalten als auch im
normalen Alltag hier zu Hause erlebt. Wir kommen nicht
aus unserer Haut. Gut so! Niemand sollte seine Überzeu-
gungen, seine Religion aufgeben müssen. Wichtiger finde
ich jedoch, dass bei allen Fragen des interreligiösen Dia-
logs immer wieder die Frage im Mittelpunkt steht: Welches sind die wichtigsten Werte, auf die ich vertraue und
für die ich lebe? Welche Gemeinsamkeiten finden wir,
wenn wir auf den Kern unserer Glaubensüberzeugungen
schauen? Die leibliche Mutter von unserer Zweijährigen
hat jedenfalls verstanden, dass wir eine grundsätzliche
Basis miteinander haben: Wir glauben beide an Gott. Sie
an Allah und ich an den christlichen Gott. Beide wissen
wir, dass uns diese Ausrichtung unseres Lebens auf eine
Macht, die höher ist als unsere Vernunft, Kraft gibt. Wir
stammen aus unterschiedlichen Kulturkreisen, haben
verschiedene Hautfarben. Aber die Liebe zu Gott und die
Liebe zum Kind verbindet uns. Wir vertrauen einander,
dass wir es gut miteinander und vor allem gut mit unse-

rer Tochter meinen. Zwei Mütter, deren Liebe zu demselben Kind eine große Zuneigung füreinander freisetzt. So wünsche ich es mir auch im Großen zwischen den Religionen. Wenn wir unseren Gott lieben, schätzen wir automatisch diejenigen, die eine ähnliche Liebe empfinden. Ansonsten läuft was schief. Und das tut es leider allzu oft.

Ich jedenfalls freue mich auf die Taufe, Patchwork-Glaube hin oder her. Es wird bunt – Kopftuch, Taufkleid und über allem: Gott, der seinen Segen über dem kleinen Menschenkind ausschüttet.

11.00 Uhr

Mein roter Faden

Eben ist er mir wieder in die Hände gefallen. Mein roter Faden. Ich habe ihn neben meinem Schreibtisch aufgehängt, an einem zu kleinen Nagel, deshalb rutscht die rote Wolle immer wieder runter. Mit ihm verbindet mich eine ganz besondere Geschichte: Vor ein paar Jahren sagte mir jemand, ich solle mich mal mehr um den roten Faden in meinem Leben kümmern, dieses ganze Durcheinander würde ja aufs Gesamte gesehen keinen Sinn machen. Was würde davon bleiben, wenn ich an meinem Lebensende auf diese Faden-Tüdelei zurückschaue?

Mich hat das damals sehr gekränkt. Ich habe geheult, geflucht. Ja, ich habe schon vieles gemacht, an vielen Orten gelebt, viele Hochs und Tiefs durchlebt. Ich sah mich

mit Achtzig auf mein Leben zurückschauen: eine Aneinanderreihung gescheiterter Vorhaben. Komplett versagt,
weil der rote Faden fehlt.

Dann hatte ich Geburtstag. Es kam ein kleines Päck-
chen von meiner Schwester. Darin war ein langer, roter
Wollfaden. An dem Faden kleine Zettelchen – oben mein
Geburtsjahr, unten das aktuelle Jahr. Und dazwischen Le-
bensstationen, Begabungen, Leidenschaften, Traurigkei-
ten. Es waren so viele Zettelchen, und es flossen ziemlich
viele Tränen bei mir.

Seitdem weiß ich: Egal, was passieren wird, an meinem roten Faden ist Platz für alles. *Alles.* Gott schaut nicht
darauf, ob der Lebenslauf Lücken und Ungereimtheiten
aufweist. Er schaut darauf, ob wir noch lebendig sind. Ob
wir noch eine Sehnsucht im Herzen tragen, die uns Meere,
Wüsten und Berge überwinden hilft.

11.30 Uhr

Versöhnung

In meinem Bücherregal gibt es eine Leerstelle. Darin
müsste ein großes Bilderbuch mit Schmetterlingen auf
dem Cover stehen, mit einer Geschichte von Gioconda
Belli, einer nicaraguanischen Schriftstellerin, die ich sehr
verehre. Im Gegensatz zu vielen anderen Büchern von ihr
habe ich dieses nie gelesen und nur kurze Zeit besessen.
Als ich vor Jahren wegen einer schlimmen Verletzung im

Krankenhaus lag, hat es mir die Ärztin geschickt, die mich verletzt hatte. In der Begleitkarte hatte sie sich allerdings nicht entschuldigt, sondern mir nur viel Freude mit dem Buch gewünscht. Einige Wochen und viele Tränen danach habe ich es ungelesen an sie zurückgeschickt. So einfach sind manche Dinge nicht wiedergutzumachen.

Jahre später wollte ich sie treffen. Ihr ins Gesicht sehen, mich prüfen ob ich dem standhalten kann. Einen Tag vorher habe ich dann abgesagt. Es ging nicht. Es ginge für mich noch heute nicht. Ich kann ihr nicht verzeihen, was geschehen ist.

Seit vielen Jahren gibt es diese Leerstelle in meinem Regal. Das Buch, das es nicht mehr gibt und das ich nie gelesen habe, steht dort zwischen Bildbänden, Fotoalben und Kunstbüchern.

Ich habe mich seitdem viel mit Psychotraumatologie beschäftigt. Am eigenen Leib durfte ich erfahren, dass Wunden zwar nicht komplett verschwinden, aber heilen können. Aber die Sache mit der Versöhnung? Die lässt mich nicht los. In den meisten Trauma-Ratgebern heißt es am Schluss: Versöhne dich mit dir selbst. Söhne dich mit dem aus, was dir widerfahren ist.

Mit der Leerstelle im Regal kann ich leben. Mich mit der Täterin, die mir gegenüber nie ihre Schuld eingestanden hat, versöhnen, das kann ich allerdings nicht. Dafür reicht meine Kraft nicht. Das muss ein anderer tun. Er tut es auch. Tut das, was ich nicht kann. Dafür hat er gelebt, dafür ist er gestorben.

Gott war in Christus
und versöhnte die Welt mit sich selber
und rechnete ihnen ihre Sünden nicht zu
und hat unter uns aufgerichtet
das Wort von der Versöhnung.
Paulus, 2. Brief an die Korinther Kap. 5 Vers 19

12.00 Uhr

Versuchungen

Mal wieder gibt es mit der jüngeren Tochter Gezeter an
der Kasse. Wie gerissen die Werbeindustrie mit unseren
Begierden Geld verdient, zeigt sich für mich am besten an
den Süßigkeitenregalen direkt vor der Supermarktkasse.
Sogar für die Kleinsten der Kleinen liegen Überraschungs-
eier und rosa-blau-bunte schokoladenglückversprechende
Sächelchen nebeneinander und warten nur darauf, von
warmklebrigen Kinderhänden gegriffen und am besten
gleich geöffnet zu werden.

Versuchungen? Mir scheint, der Kick muss immer
größer werden. Die Schokolade bleibt dann nur ein Kinderspiel. *„Und führe uns nicht in Versuchung"* (Lukasevangelium Kap. 11 Vers 4).

Jesus hätte alles haben können, hätte er dem geglaubt,
der in der Bibel Teufel genannt wird. Satan, der „Versu-
cher". Personifikation des Bösen. Jesus hat widerstanden,
ging auf die verheißungsvollsten Versuchungen nicht

ein. Er blieb Gott treu. Reichtum, Macht, all das reizte ihn nicht. Jesus liebte das Leben. Er liebte das Essen und den Wein, er feierte gern. Kein Kostverächter, könnte man sagen. Aber nichts durfte solche Macht über ihn erlangen, dass es sich zwischen ihn und Gott gestellt hätte.

Jesus sagt Nein zu allem, was ihn von einem wahrhaftigen Leben trennt. Damit sagt er Ja zu Gott, zum Leben, zur Wahrheit.

Für mich eine hilfreiche Unterscheidung: Wann wird etwas zu einer unheilvollen Versuchung, die mir schadet, und wann geht es einfach um eine lustvolle Verschönerung meines Alltags? Was beherrscht mich so sehr, dass ich keine Kontrolle mehr darüber habe? Kann ich noch Nein sagen? Zu Schokolade, Sex, Alkohol oder Geld?

Manches bewusste Nein kann guttun. Es führt ins Leben und in echte Beziehungen hinein. Unsere ältere Tochter hat das mittlerweile verstanden. Mit ihr gibt es kein Geschrei mehr an der Kasse. Sie weiß: Glücklich macht nicht, immer alles in beliebiger Menge zu haben. Die Schokoladenweihnachtsmänner blieben nach Weihnachten alle mit abgebissenen Köpfen in der Ecke liegen.

Aber dann und wann ein Eis, ein Stück Schokolade, das reicht für ein großes Kinderglück.

12.30 Uhr

Berührt

Mitten in der Menschenmenge ein kurzer Glücksmoment. Eine Frau fährt auf der Rolltreppe runter, ich fahre hoch. Wir schauen uns an. Wir kennen uns nicht. Unsere Augen finden sich. Lächeln. Ein Augenblick Nähe im Fremden. Bestimmt hätten wir uns viel zu sagen, denke ich. Aber wir halten nicht an. Wir fahren in verschiedene Richtungen. Es ist gut, wie es ist.

Berührt werden, mitten am Tag. Mein Herz hüpft.

14.00 Uhr

Helfen – aber wie?

Heute Nachmittag ist wieder Flohmarkt im Flüchtlingsheim. Ich habe schon viele Sachen hingebracht: Kinderwagen, Babywäsche, warme Jacken. Der Bedarf ist groß. Die meisten, die hier in Deutschland ankommen, haben nur das, was sie am Leib tragen. Die Bereitschaft zu helfen ist in unserer Stadt enorm. Kleidung und Spielzeug werden gern gegeben. Manche schenken auch Zeit. Geben Nachhilfe, Deutschunterricht oder Tanzkurse.

Abgeben tut den meisten von uns gut. Wie aber ist es mit dem Nehmen? Wie wäre es, wir würden nicht nur abgeben, sondern auch etwas bekommen? Einblicke in ein ganz anderes Leben zum Beispiel. Andere Traditionen kennenlernen. Nicht nur ins Flüchtlingsheim gehen und meine alten Sachen hinbringen, sondern auch die eigene Haustür öffnen.

Tracy kommt aus Mosambik, ist Anfang Zwanzig und lebt mit ihrem Baby im Flüchtlingsheim. Sie hat hier in unserer Stadt niemanden, ihr Freund hat sie verlassen. Wir haben uns kennengelernt, weil sie ihren kleinen Sohn taufen lassen möchte. Daraus ist eine Freundschaft entstanden. Manchmal besucht sie uns. Sie genießt es, mal rauszukommen aus dem Tageseinerlei in ihrem Zimmer, das sie mit einer anderen jungen Mutter teilt. Sie hofft seit Monaten, endlich eine eigene Wohnung in der Stadt zu bekommen. Nicht in einem Brennpunkt, wo sie Angst haben muss, abends mit ihrem Baby auf die Straße zu gehen, sondern in einem Allerweltswohnviertel. Tracy wünscht sich nicht viel, nur ein ganz normales Leben. Sie möchte gern Erzieherin werden. Wenn sie denn eine Wohnung hat, wenn sie denn einen Krippenplatz für das Kind bekommt, wenn ...

Wie kann ich ihr helfen? Ich fühle mich hilflos, schaue mit ihr nach bezahlbaren Wohnungen, erkundige mich nach Ausbildungsmöglichkeiten. Bislang hat es noch nichts genützt, und das finde ich frustrierend. Ist nicht immer so einfach: Geben und Nehmen.

Mein Eindruck ist: Es mangelt nicht an unserer Bereitschaft zu helfen. Die Frage ist, was wirklich hilft.

14.35 Uhr

Besitz

Der Traum von der eigenen Scholle ist irgendwo tief in uns eingeschrieben – glaube ich zumindest. Bei meinen Schwiegereltern hängt ein Messingbild im Wohnzimmer, auf dem das berühmte Goethe-Zitat zu lesen ist: „Was du ererbt von deinen Vätern hast, erwirb es, um es zu besitzen." Nicht nur in dieser, in vielen Familien sind Besitz und Erbe ein wichtiges Thema.

Besitz. Von diesem Traum sind ganze Generationen beseelt, und die Werbekampagnen der Banken und Sparkassen spielen damit. Sie zeigen meist ein hübsch gestaltetes Wohnzimmer, Holzfußboden, weiße Möbel, Kamin, Hund, niedliche Kinder. Vorher lebte man aus Umzugskisten in einer etwas heruntergekommenen Mietwohnung. Dank des großzügigen Kredits der Bank ihres Vertrauens kann die junge Familie nun endlich in den eigenen vier Wänden glücklich werden. Endlich das eigene Heim, keine Miete mehr zahlen. Endlich Sicherheit, eine verlässliche Absicherung für die eigene Zukunft und die der Kinder.

Ich merke das momentan an meiner eigenen Generation, an den Dreißig- bis Vierzigjährigen: Viele möchten sich gern etwas „Bleibendes" schaffen und kaufen oder bauen Häuser. Wieso Miete zahlen, wenn man sich für den gleichen Preis etwas kaufen kann? Das fragen sie, und sie fragen berechtigt. Die Entscheidung zwischen Kaufen und Mieten ist heute keine Entscheidung des Geldes, es geht um etwas anderes. Um die Entscheidung zwischen Verbindlichkeit und Freiheit.

Mich selbst beschleicht auch immer mal wieder der Traum, wie es wäre, ein Haus zu kaufen und zu besitzen. Eine Wohnung, am besten in einer meiner Lieblingsstädte Berlin oder Leipzig. Um im Alter was zu haben, denke ich dann. Im nächsten Moment merke ich, wie absurd das ist: Was weiß ich heute über mein Alter? Wie kann ich *jetzt* wissen, wie ich in ein paar Jahrzehnten leben möchte? Also lieber kurzfristig planen, kleiner denken. Ein Kleingarten! Das wäre doch die perfekte Lösung, dachten mein Mann und ich vor einigen Jahren. Gesagt getan. Wir schafften uns einen solchen Garten an. Von der Laubenkolonie bis zum angesagtesten Jazzclub Hannovers waren es nur ein paar Schritte, das überzeugte uns sofort. Hübsches Häuschen im Garten, oben schlafen, unten wohnen. Wir bauten einen Holzofen ein. Das Klo draußen vor der Tür.

Vom Gärtnern hatten wir beide keine Ahnung. Wir fuhren einfach in den Gartenmarkt und kauften, was uns gefiel. Und wir pflanzten das, was uns gefiel dorthin, wo wir dachten, es wäre gut dort. Dass das so nicht geht, hätte uns jeder sagen können, wir hätten es trotzdem gemacht.

Allerdings hatten wir nicht mit unserem Nachbarn gerechnet, der aus Wut über unser zugegebenermaßen nicht vorhandenes Gartenbaukonzept und die Bambuswand, die wir sicherlich nicht ganz klug zu seiner Seite hin aufstellten, seine eigenen Pflanzen komplett rausriss und schredderte. Wir hätten ihm die Sonne genommen, und deshalb sei sowieso bald alles tot, meinte er. Gestorben war damit auch unser Wunsch, gute Nachbarschaft zu pflegen.

Das alles war an einem Samstagnachmittag, und wir hatten eine super Stimmung im Garten. Das mit der Feindesliebe ist gar nicht so leicht. Klar lässt sich das locker sagen, sonntags von der Kanzel oder auch sonst so allgemein: *„Liebt eure Feinde, springt über euren Schatten, vergeltet nicht Gleiches mit Gleichem."* Wenn es aber konkret wird, komme ich schnell an meine eigenen Grenzen. Letztens habe ich in der Zeitung gelesen, dass irgendwo ein Kleingärtner einen anderen aus Wut erschossen hat. Es ging irgendwie auch um Gartenzäune, Hecken, Unkrautkram. Seit meiner eigenen Kleingartenerfahrung kann ich bestens nachvollziehen, wie es zu so etwas kommen kann.

Wir haben versucht, das Beste draus zu machen. Einmal, abends, saßen wir am Feuerkorb, und so langsam konnten wir über Gartenzaunstreitigkeiten und das Unkraut lachen, das unerlaubt die Gartengrenzen überwächst. Wir überlegten, wie es wäre, die gesamte Laubenkolonieordnung über Nacht auf den Kopf zu stellen und heimlich sämtliche Gartenzwerge zu vertauschen. Den dicken mit Pfeife und grüner Schürze aus Garten 1 in Garten 9, und die zauberhafte Waldwelt mit Rehkitz, Hänsel und Gretel aus Garten 3 in Garten 1. Und so weiter. Es wäre ein großer Spaß gewesen. Leider haben wir uns nicht getraut, den Plan in die Tat umzusetzen. Stattdessen haben wir kurze Zeit später den Pachtvertrag gekündigt und das hübsche Häuschen wieder verkauft. An einen Zen-Meister, der alles weiß gestrichen hat, um im Garten seine Zen-Meditationen zu praktizieren. Ich würde gern wissen, ob es stimmt, dass einem der Zen-Buddhismus eine derart strapazierfähige Gelassenheit schenkt, dass man sogar einen chronisch wütenden Nachbarn aushält.

Seitdem haben wir keine Laube mehr, und einen Garten haben wir auch nicht. Haustechnisch vollkommen besitzlos sind wir jetzt überzeugte Dauermieter einer Pfarrwohnung. Meinen Gartentraum habe ich allerdings noch nicht aufgegeben. Jetzt übe ich mich im „Urban Gardening", Stadtgärtnern. Das geht nämlich auch auf dem Balkon, und ich habe dort keine Nachbarn, über deren Gartenzwerge ich mir Gedanken machen müsste. Im letzten Sommer konnten wir unsere eigenen Tomaten, Pflücksalat, Peperoni, etwas klein geratene Kartöffelchen und ein paar Erdbeeren ernten.

Fazit: Schmeckte!

Das Wetter ist gut draußen, wir werden jetzt in den Park gehen. Da ist es auch schön, das Unkraut kümmert mich nicht.

> *Wir haben hier keine bleibende Stadt,*
> *sondern die zukünftige suchen wir!*
> *Hebräerbrief Kap. 13 Vers 14*

15.20 Uhr

Was ist eigentlich Glück?

Einen uralten Baum umarmen? Ein Krokanteisbecher mit Sahne? Ist das Glück? Ein Abend mit guten Freunden oder eine Nacht mit dem oder der Liebsten? Ein besiegter Wäscheberg?

Was bedeutet Glück für Sie? Was lässt Ihr Herz leicht werden und in die Höhe hüpfen? Es kann sein, dass Ihnen erst einmal gar nichts einfällt, weil alles so banal erscheint: Natur genießen, Eis essen oder Nähe zu Menschen – das ist ja alltäglich und nichts Besonderes. Ich bin aber davon überzeugt, dass gerade in den kleinen Alltäglichkeiten unseres Lebens das Glück verborgen ist. Es lohnt sich, danach zu suchen!

In diesem Jahr habe ich eine Glücks-Kiste eingeführt. Immer, wenn ich etwas Schönes erlebe, schreibe ich es auf einen Schnipsel Papier, der dann kommentarlos in der Kiste verschwindet. Es kommen auch kleine Souvenirs rein, Fahrkarten, die mich an schöne Reisen erinnern. Am Jahresende möchte ich die Kiste öffnen und alles anschauen. Was sich bis dahin noch alles in ihr sammeln wird?

Manchmal kann es auch hilfreich sein, über die schönen Stunden des Lebens Buch zu führen. So eine Art Glücks-Tagebuch. Darin können Sie auch die kleinen, schnell in Vergessenheit geratenen Glücksmomente notieren. Zum Beispiel: „Nettes Gespräch mit der Nachbarin", oder: „Heute den besten Erdbeerkuchen meines Lebens gebacken."

Zugegeben: Das klingt alles nicht sehr großartig. Müsste das große Glück, dieser ultimative Zustand voll Glückseligkeit, nicht anders sein? Weniger banal? Eher allem Alltagskram enthoben? Vielleicht wartet so ein Zustand auf uns. Dann, wenn unsere Zeit in der Welt zu Ende ist ...

Ich weiß es nicht. Ich weiß nur – solange ich hier lebe, gebunden und gehalten in Zeit und Raum, wird es für mich kein Leben ohne Abwaschen, Putzen, Aufs-Klo-Gehen, Haareschneiden und Über-Geld-Nachdenken geben. Auch wenn all das irgendwann andere für mich werden machen müssen, die Arbeit fällt an – so oder so. Wieso also das Glück auf ein Morgen verschieben, von dem ich heute nicht wissen kann, ob es überhaupt so aussieht, wie ich es mir erträume?

Glücklich sein im Hier und Jetzt. In dem, was mein Leben ausmacht. Das ist mein großer Wunsch. Nicht immer gelingt mir das. Ehrlich gesagt scheitere ich öfter an diesem Anspruch, als dass es mir gelingt, in der mal wieder endlos aufgeschobenen Bügelwäsche mein Glück zu finden. Aber ich arbeite dran. Ehrlich! Ich bin gespannt darauf, wie es sich anfühlen wird, wenn Bügeln für mich wirklich zur Alltagsmeditation geworden ist. Ich glaube, ich werde sehr stolz auf mich sein!

Alltagsliebe hat für mich immer auch etwas mit Demut zu tun. Nicht mehr dagegen ankämpfen, dass die Welt in vielem nicht so ist, wie ich es mir erträumen würde, sondern das Gegebene hinnehmen. Jedenfalls so weit, dass ich keine Energie mehr verliere, indem ich gegen Wäsche-Geschirr-Tomatennudeln-Windmühlen ankämpfe. Nicht einfach a-pathisch, ohne Gefühl, sondern aus Liebe.

Was Demut mit Liebe zu tun hat, hat mich meine Großmutter gelehrt. Sie schrieb es mir ins Poesiealbum, das meine Kinder aus den alten Kisten gekramt haben.

16.45 Uhr

Demut

Es gibt Worte, die begleiten mich durch den Alltag. Auch wenn es schon lange her ist, dass sie jemand zu mir gesagt hat. Dazu gehört zum Beispiel der Satz, den mir meine Großmutter vor vielen Jahren in mein Poesiealbum geschrieben hat: *„Wohin Gott dich stellt, da stehe mit Mut und Demut."* Damals überstiegen diese Worte meinen Horizont. Es rieb sich mit meiner Kinderwelt Anfang der 1980er-Jahre. Ich bin ein Friedenskind. Für Krieg, Hunger und Verlust habe ich in mir kein Gefühl. Und doch konnte ich spüren, dass meine Großmutter von einer Wahrheit schrieb, die ich als junges Mädchen nicht ermessen konnte.

Meine Oma war auch noch im Altersheim eine aufrechte Frau. Die grauen Haare hatte sie ordentlich in einem Dutt am Hinterkopf zusammengesteckt. Jahr für Jahr wurden die Haare dünner, der Dutt fahriger. Sie hatte den Krieg durchlebt und sechs Kinder geboren. Vom Krieg hat sie mir viel erzählt. Vor allem von ihrem ältesten Jungen, der sich nach zu Hause sehnte – ihrem Heimatdorf. Sie erzählte mir von den Bauern in dem kleinen niedersächsischen Dorf, in dem sie für ihren Mann die Stellung im Pfarrhaus hielt. Sie nahm Flüchtlinge auf. Das Haus war voll bis unters Dach. Bei den Bauern hat sie um Milch für die Flüchtlingskinder und ihren eigenen Sohn gebettelt. Oft ist sie abgewiesen worden. Man sah es nicht gern, dass so viele Fremde im Dorf blieben. Ihr Erstgeborener lernte seinen Vater erst nach dem Krieg kennen, als er sich schon damit abgefunden hatte, ohne Vater zu leben.

Die Kriegsschäden fräsen sich bis heute in das Gedächtnis unserer Familie ein. Wir werden in die Geschichte hineingeworfen und müssen unseren Platz darin finden. Manche finden ihn auch nie. Das Demut-Wort lässt mich deshalb nicht los. Heute ist es kaum mehr bekannt. Eher vielleicht: Es wird verkannt. Als ob Demut etwas mit Duckmäusertum zu tun hat oder mit übertriebener Autoritätshörigkeit!

Meine Großmutter wusste um den Platz, den ihr Gott geschenkt hat. Sie war keine gebeugte Frau. Auch, als sie nur noch mit Rollator spazieren gehen konnte, ging sie so aufrecht wie irgend möglich. Von ihr durfte ich lernen, dass Demut eine Lebenshaltung ist, zu der Mut und Liebe gehören. Sie ging zu den Bauern, bat um Milch und ließ sich nicht abwimmeln. Jahrzehnte später ging sie durch ein anderes Dorf, klingelte an allen Türen, weil sie Mullwindeln suchte, ohne die ich als Vierjährige nicht einschlafen konnte.

Ich habe erfahren: Wer liebt, ist demütig. Nimmt sich selbst zurück, gibt den Bedürfnissen des anderen Raum.

> *Ich vermag nicht einzusehen,*
> *wie man Demut ohne Liebe*
> *oder Liebe ohne Demut haben könne.*
> *Teresa von Ávila*

18.10 Uhr

Schwellenangst

Eben war ich im Dom, gerade pünktlich zur „Beichtzeit". Aber: ich habe mich nicht getraut. Es fühlte sich zu fremd an: einfach in eine Kirche gehen und jemandem erzählen, was mir so sehr auf der Seele brennt. Ich habe mich stattdessen einfach hingesetzt und den Raum sprechen lassen. Zu mir. Und meine Seele wurde weit. Es tat mir gut, einfach da zu sein und zu spüren, dass der Kirchenraum für mich da ist. Und der, zu dessen Ehren er erbaut worden ist. Nach ein paar Minuten ging ich getröstet wieder weg.

Es tut mir gut, am eigenen Leib zu erfahren, wie es ist, mich fremd zu fühlen. So oft höre ich davon: Menschen trauen sich nicht in eine Kirche hinein und schon gar nicht in einen Gottesdienst! Sie wissen nicht, wie sie sich „richtig" verhalten. Sie fühlen sich verunsichert durch die Melodien und Texte, die sie nie kennengelernt oder vergessen haben.

Frère Roger, der Begründer der Gemeinschaft von Taizé, hat einmal gesagt: Ein Gottesdienst sollte immer so gestaltet sein, dass sich niemand beschämt fühlt weil er sich nicht auskennt oder Texte nicht versteht. Mich überzeugt das. Niemand soll sich unwillkommen fühlen, nur weil ihm etwas zu fremd ist. Gott lädt uns ein, egal wie viel Vorwissen wir haben, wie klug oder wie belesen wir sind. Jeder darf ohne Angst am Tisch Gottes sitzen und von seiner köstlichen Gegenwart schmecken. Einen Kirchen-Knigge sollte es dafür nicht geben müssen!

18.20 Uhr

Gemeinschaft

Die wichtigsten Zeiten am Tag sind bei uns die Mahlzeiten. Wir setzen uns gemeinsam um den Tisch, reden, schweigen, lachen, schauen uns in die Augen. Nicht ohne Grund gibt es so viele Geschichten, in denen Jesus mit anderen zusammen beim Essen sitzt!

Essen verbindet. Wir teilen und teilen uns mit. Die Kinder legen großen Wert darauf, dass wir gemeinsam anfangen. Wir fassen uns an den Händen. Dann geht es los. Gemeinsam um einen Tisch zu sitzen ist für mich ein Geschenk, das in unserer Kultur eine Seltenheit geworden ist.

Je seltener es für viele wird, gemeinsam mit anderen zu essen, desto wichtiger wird mir persönlich das Abendmahl. Wir teilen miteinander Brot und Wein, meist kennen wir uns nicht und trinken dennoch aus demselben Kelch. Wir teilen dasselbe Brot. Wir sind eins in dem, der uns geschaffen hat und am Leben erhält.

Es gibt eine Gemeinschaft, die größer ist als wir selbst. Alle sind eingeladen an seinen Tisch: Kinder, Erwachsene, Einsame, Gesellige, Lebensfrohe, Kranke, Erfolgreiche, Gescheiterte, Traurige, Sterbende.

Wenn also jemand in Christus ist,
dann ist er eine neue Schöpfung:
Das Alte ist vergangen,
Neues ist geworden.
Paulus, 2. Korintherbrief Kap. 5 Vers 17

19.35 Uhr

Schlafen gehen

Die Vierjährige liegt im Bett, Windel um und Schlafsack
an.
„Mama, wenn ich groß bin, dann werde ich auch Mama.
Und du bist dann die Oma."
„Ja."
„Und Oma und Opa sterben bald."
„Na ja, irgendwann schon."
„Und wenn du alt bist, stirbst du auch."
„Ja."
„Und ich bin dann ganz traurig."
Pause.
„Menno, ich will immer eine Mama haben."
Tigerkuss auf die Stirn, Lichtmond aus, gute Nacht.

20.30 Uhr

Stille

Die Kinder schlafen. Mein Mann arbeitet. Die Geschirr-spülmaschine brummt leise vor sich hin. Langsam wird es dunkel draußen. Ich setze mich an den Küchentisch, den ich eben noch von den Resten des Abendbrotes befreit habe, und bin einfach nur da. Es tut gut, einmal an nichts denken zu müssen. Keine Verpflichtungen, keine Termine. Nichts. Ich überlege, ob ich Musik anstelle, entscheide mich aber dagegen. Es ist still, und ich möchte für einen Moment in dieser Stille sein, ihr Raum geben und mich selbst in ihr ausbreiten. Ich zünde die Kerze an, die immer auf dem Esstisch steht, und mache alle anderen Lichter aus. Ich mag diese warme Kerzenlichtdunkelheit. Nach ein paar Minuten spüre ich, dass ich langsam wieder in mir selbst ankomme. Ich spüre, dass meine Füße heute viel gelaufen sind und meine Arme viel getragen haben. Vor allem mer-ke ich, dass ich müde bin. Sehr müde. Auf der Stelle könnte ich einschlafen. Aber das will ich noch nicht. Es ist diese Stimmung zwischen Tag und Nacht, die ich so mag und in der meine Seele sich geborgen und zu Hause fühlt. Ich denke nichts Bestimmtes, ich spreche kein Gebet. Ich fühle mich nur rundum geborgen in der Gegenwart dessen, von dem ich glaube, dass er da ist und mich umgibt.

Nur gibt es in diesen Momenten keinen Namen für ihn. Jeder Name würde mein tiefes Gefühl des Einsseins banal und klein machen.

Ich brauche diese Momente der Alltags-Stille so dringend wie Wasser und Brot. Ohne sie würde meine Seele verkümmern. Sie sind Oasen. Quellen, aus denen ich Kraft schöpfe, Inspiration, Hoffnung.

Manchen Menschen gelingt es, solche Auszeiten ganz bewusst in ihren Tagesablauf einzubauen, sie einzuplanen. Bei mir dagegen scheitern solche Vorhaben. Für mich sind diese kostbaren Momente nicht planbar, in denen sich der unruhige Seegang, der oft in meiner Seele und in meinem Leben herrscht, für eine Zeit legt und ich in den Raum dessen eintreten kann, der mich geschaffen hat und mir jeden Tag neu mein Leben schenkt.

Seit ich die Versuche einer regelmäßigen „Gebetszeit", wie andere es nennen, aufgegeben habe, geht es mir viel besser. Ich habe mir selbst das ständige Gefühl genommen, an meinen eigenen Ansprüchen zu scheitern.

Manche Gebetslehrer sagen, es gehe nicht ohne Regelmäßigkeit. Sicherlich haben sie recht. Und sicherlich gehöre ich nicht zu den vorbildlichen Gläubigen, denen dies gelingt.

Heute Abend ist alles gut. Es ist so, wie es ist. Und ich bin zufrieden damit, weil es zu meinem Leben passt und damit auch zu dem, der mir das wunderbare Gefühl schenkt, unendlich geliebt zu sein. Komme, was wolle, und ganz gleich, was ich aus meinem Leben mache.

Gleichwie die Sonne in einem stillen Wasser
gut zu sehen ist, und es kräftig erwärmt,
kann sie in einem bewegten, rauschenden Wasser
nicht deutlich gesehen werden,
auch erwärmt sie es nicht so sehr.
Darum: Willst du auch erleuchtet und warm werden
durch das Evangelium, göttliche Gnade und Wunder sehen,
dass dein Herz entbrannt, erleuchtet,
andächtig und fröhlich werde,
so gehe hin, wo du still sein
und das Bild dir tief ins Herz fassen kannst,
da wirst du finden Wunder über Wunder.
Martin Luther

22.00 Uhr

P. S. Als der Tod in mein Leben kam

Abendgedanken, wenn alles ruhig wird. Ich war im Studium, und ich kannte mich mit dem Tod nicht aus. Ich stand an seinem Krankenbett in einem Vierbettzimmer, man hatte nur eine Trennwand aus Stoff zwischen ihn und seinen Nachbarn geschoben. Seine Hände waren weich. Von dicken blauen Adern durchzogen. Sie lagen ruhig auf dem weißen Betttuch. Sie waren mir vertraut wie warme Milch. Die Hände meines Opas hatten mich von Anfang an durch die Welt begleitet.

Ich kannte mich mit dem Tod nicht aus und war nicht darauf vorbereitet. Ich erzählte ihm Geschichten. Allerhand unnützes Zeug erzählte ich. Was ich ihm nicht sagen konnte: Dass ich ihm dankbar war für alles, was er für mich getan hatte. Ich kam damals noch nicht einmal auf die Idee. Der Tod war mir neu, ich redete um mein Leben und merkte nicht, dass das Sterben eine ganz leise Angelegenheit ist. Bis heute schäme ich mich dafür. Mit einer leichten Handbewegung gab er mir zu verstehen: Schweige, sei still. Es geht hier nicht mehr um das Hier und Jetzt. Ich schwieg.

Mein Opa starb in einem Vierbettzimmer hinter einer Rollwand, die mit weißem Stoff bezogen war. Er war nur Kassenpatient, und der diensthabende Arzt hatte seinen Zustand nicht so ernst eingeschätzt. Währenddessen schauten die anderen Männer im Zimmer „Sportschau", und das Leben ging weiter. Da hatte der Tod noch keinen Platz.

Sie rollten meinen Opa in den Keller, dort konnten wir Abschied nehmen. Es war ein christliches Krankenhaus, aber die Umgebung war alles andere als christlich. Ich schämte mich, dass für sein Sterben so wenig Würde möglich war. Später entschuldigte man sich bei uns, man hätte alles natürlich anders arrangieren können, hätte man gewusst ... Hat nicht jeder das Recht auf einen würdigen Tod?

Mein Opa hatte mir die Welt gezeigt. Von Bad Harzburg bis Bremen, und das war schon ein weites Stück. Wir hatten zu heißen Kakao mit Sahne getrunken und Apfeltaschen gegessen. Das verbotene Land schmeckte süß. Irgendwann wurde sie mir zu klein, die Welt mit der Fotowandtapete – Ententeich, gelbe Tulpen und Schwan – und den von meiner Oma aus Wollresten gehäkelten Kissen. Seine Welt, die für das kleine Mädchen ein Paradies gewesen war.

Ich habe es ihm nie sagen können. Vielleicht war ich noch nicht erwachsen genug, um zu erkennen, was es gewesen ist. Manche Dinge müssen reifen, auch Worte gehören dazu. Bis sie geerntet werden können, kann viel Zeit vergehen. Manchmal – zu viel Zeit. Ich flüstere die zu spät gereiften Worte in den Abendhimmel.

23.30 Uhr

Zur Nacht oder: Beten?

Die Woche liegt hinter mir. Ich lasse die Tage an mir vorüberziehen. Eigentlich war es eine ganz normale Woche, es ist nichts Besonderes passiert. Und doch ist viel geschehen. Ich war aufmerksamer als sonst, wacher. Habe mich „bewegen" lassen. Ich bin dankbar für die großen und kleinen Erlebnisse, die mir geschenkt wurden.

Das, was mir in dieser Woche geschenkt worden ist, möchte ich in ein Gebet fassen. Ich möchte Gott danken, und ich möchte für die beten, die ich in den letzten Tagen getroffen habe. Lange fiel mir das schwer, so zu beten. Gelernt habe ich es als Kind bei meinen Großeltern, und erst in den letzten Jahren habe ich für mich herausgefunden, welch ein Schatz in solchen Gebeten verborgen sein kann, die man betet, egal ob man nun gerade Lust hat oder nicht. Meine Großeltern beteten jeden Abend nach dem Abendessen. Manchmal dauerte das sehr lange, weil alle, für die gebetet wurde, namentlich genannt wurden. Bis heute weiß ich genau, wie es sich angefühlt hat. Meine gefalteten Hände und neben mir unter dem Tisch die Hände meiner Großmutter. Sie drehte immer mit ihren Daumen beim Beten. Ich habe sie nie gefragt, warum sie das tat. Vor dem Schlafengehen setzte sich meine Großmutter dann an mein Bett, und sie betete für mich. Und die Engel, von denen sie sprach und von denen ich kein Bild hatte, wie sie denn aussehen würden, waren um mich.

Heute Abend sind so viele Worte in mir, sie würden den Himmel füllen. Ich gebe sie an Gott weiter. Ich weiß: Dort sind sie gut aufgehoben.

Quellennachweise

Teile aus den Abschnitten *Heimat ...,*
Wahrheit, Alltagslügen im Liebesle-
ben, Demut stammen aus Radio-
andachten, die von der Evangelischen Kirche im NDR redaktionell
verantwortet wurden.

Literaturzitate

Seite 10: Der Text von Madeleine
Dèlbrel ist zitiert nach: Madeleine
Dèlbrel, Gebet in einem weltli-
chen Leben. Ausgewählt, über-
setzt und eingeleitet von Hans Urs
von Balthasar, Johannes-Verlag
Einsiedeln 1974, Freiburg im
Breisgau [7]2013, 63.

Seite 115: Der Text von Henri
Nouwen ist zitiert nach: Henri
Nouwen, Leben hier und jetzt.
Jahreslesebuch. Aus dem Ame-
rikanischen übersetzt von Franz
Johna © Verlag Herder GmbH
Freiburg im Breisgau, Taschen-
buchausgabe (2005).

Seite 186: Der Text von Martin
Luther ist zitiert nach: Peter
Zimmerling, Evangelische Spiri-
tualität. Wurzeln und Zugänge,
Göttingen 2003.

Bibelzitate

Seite 13: Matthäus 18, 20, zitiert
nach der Einheitsübersetzung der
Heiligen Schrift © 1980 Katholische Bibelanstalt Stuttgart.

Seite 18: Lukas 14,21–23,

Seite 29: Prediger (Kohelet) 3,22,
zitiert nach der Luther-Bibel,
revidierte Ausgabe 1984 © 1984
Deutsche Bibelgesellschaft
Stuttgart.

Seite 35: Matthäus 6,34

Seite 36: Matthäus 25,35–36,
zitiert nach der Luther-Bibel.

Seite 44: 2. Mose (Exodus) 3,5,
zitiert nach der Einheitsübersetzung der Heiligen Schrift.

Seite 55: Johannes 16,33, zitiert
nach der Luther-Bibel.

Seite 78: Hebräerbrief 13,14,
zitiert nach der Luther-Bibel.

Seite 80: Jeremia 29,5.6a, zitiert
nach der Einheitsübersetzung der
Heiligen Schrift.

Seite 81: Psalm 126,1–2, zitiert
nach der Luther-Bibel.

Seite 84: 1. Korinther 13,1, zitiert
nach der Einheitsübersetzung der
Heiligen Schrift.

Seite 89: 1. Korinther 6,19–20,
zitiert in Anlehnung an die
Luther-Bibel.

Seite 92: Johannes 1,1, zitiert nach
der Luther-Bibel.

Seite 103: Matthäus 18,3, zitiert nach der Luther-Bibel.

Seite 109: Lukas 9,62, zitiert nach der Einheitsübersetzung der Heiligen Schrift.

Seite 121: 5. Mose (Deuteronomium) 6,4–5, zitiert nach der Luther-Bibel.

Seite 122: 5. Mose (Deuteronomium) 6,6–7, zitiert nach der Luther-Bibel.

Seite 127: 3. Mose (Levitikus) 19,18.

Seite 139; 141: Johannes 8,32, zitiert nach der Einheitsübersetzung der Heiligen Schrift.

Seite 155: 1 Samuel 16,7, zitiert nach der Einheitsübersetzung der Heiligen Schrift.

Seite 163: Johannes 8,7, zitiert nach der Luther-Bibel.

Seite 169: 2 Korinther 5,19, zitiert nach der Luther-Bibel.

Seite 176: Hebräer 13,14, zitiert nach der Luther-Bibel.

Seite 183: 2 Korinther 5,17, zitiert nach der Einheitsübersetzung der Heiligen Schrift.

Erwähnte Bibeltexte

Seite 17: Lukas 14,16–24.

Seite 18: 1 Samuel 16,14–23.

Seite 18: 2. Mose (Exodus) 15,20–21.

Seite 21: Matthäus 12,46–50.

Seite 21: Lukas 2,7.

Seite 39: 2. Mose (Exodus) 32,1–4.

Seite 47: 1. Mose (Genesis) 6,12–14.

Seite 56: Johannes 20,24–29.

Seite 63: 1 Mose (Genesis) 1,31.

Seite 63: Psalm 139,14.

Seite 63: 1 Mose (Genesis) 2,2.

Seite 70: Lukas 7,36–50.

Seite 108: Markus 11,15–18.

Seite 118: 1 Könige 19,3–8.

Seite 150: Matthäus 20,1–16.

Zur Autorin

Als Sprecherin beim „Wort zum Sonntag" ist Nora Steen seit Jahren eines der bekanntesten Gesichter der evangelischen Kirche in Deutschland. 1976 in Braunschweig geboren, arbeitete sie nach dem Abitur zunächst für ein Jahr in Südindien bei verschiedenen Nichtregierungsorganisationen. Ihr Theologiestudium führte sie nach Leipzig, Berlin und Göttingen. Sie hat an internationalen Schulungen für ökumenische Führungskräfte auf Kuba und in Südafrika teilgenommen und arbeitete im Anschluss an ihr Vikariat für ein Jahr im Ökumenischen Institut Bossey in Genf, einem Studienzentrum für Pfarrerinnen und Pfarrer. Seit 2007 lebt sie mit ihrem Mann Leif Mennrich in Hildesheim. 2011 zog über Nacht die erst ein paar Tage alte Tochter bei ihnen ein, Anfang 2013 kam die zweite Tochter dazu. Beide Mädchen sind angenommene Kinder und wurden in Hildesheim geboren. Im Zuge des neuen Familienlebens unterrichtet sie als Schulpastorin am evangelischen Gymnasium Andreanum in Hildesheim.

Zuvor hatte sie die Projektleitung für das Jubiläumsjahr der UNESCO-Welterbekirche St. Michaelis in Hildesheim, war Pastorin an der Citykirche St. Jakobi, ehrenamtliche Seelsorgerin in einem Frauengefängnis sowie Leiterin des „Hauses der Stille" im Kloster Wülfinghausen.

Neben dem Alltag zu Hause und im Beruf ist Nora Steen in vielen Medien aktiv, nicht nur beim „Wort zum Sonntag", sondern auch bei den Morgenandachten auf NDR Kultur und in einer Kolumne für Leserinnen einer Boulevardzeitschrift. Im Juni 2015 lud der Deutsche Evangelische Kirchentag die engagierte Pastorin zur Predigt im Schlussgottesdienst ein: „Mit dem Herzen wissen".